走进那吉

梁水长 主编

ZOUJIN NAJI

群言出版社
QUNYAN PRESS
·北京·

图书在版编目（CIP）数据

走进那吉 / 梁水长主编 . -- 北京 : 群言出版社，
2023.11
ISBN 978-7-5193-0872-8

Ⅰ.①走… Ⅱ.①梁… Ⅲ.①乡镇－概况－恩平
Ⅳ.①K926.55

中国国家版本馆 CIP 数据核字 (2023) 第 183297 号

责任编辑：李　群
封面设计：李士勇

出版发行：群言出版社
地　　址：北京市东城区东厂胡同北巷 1 号（100006）
网　　址：www.qypublish.com（官网书城）
电子信箱：qunyancbs@126.com
联系电话：010-65267783　65263836
法律顾问：北京法政安邦律师事务所
经　　销：全国新华书店

印　　刷：北京九天鸿程印刷有限责任公司
版　　次：2023 年 11 月第 1 版
印　　次：2023 年 11 月第 1 次印刷
开　　本：787mm×1092mm　1/16
印　　张：17.5
字　　数：250 千字
书　　号：ISBN 978-7-5193-0872-8
定　　价：88.00 元

前　言

本书是《那吉》一书的姐妹篇。在2016年退休后，我走遍了家乡的山山水水，触摸家乡的每一处风景，大人山、牛塘山、仙人塞海、清湾七星坑、那吉田野，到处留下自己的身影；走进每一条山村，且每到一处都写下文字，抒发自己对乡土、乡愁的感受，还拍下许多照片，与朋友们分享玩味；村头巷尾与村民交流畅谈，了解民事乡情，对养育自己的土地和劳动人民肃然起敬，饱含深情地歌颂了这土地上辛劳的父老乡亲。

读者可以在阅读中感受那吉这块热土的美丽与神奇，这里从古到今流传着许多可歌可泣的故事，书中做了收集整理。抗日战争时期、解放战争时期那吉清湾更是云雾山革命根据地的中心地带，解放军游击队与这里的人民建立了深厚的军民鱼水情，为中华人民共和国成立做出了重大贡献，是名副其实的革命老区，值得人们向往。

这里的每一个石头都焕发着灵动，每一处沟壑都透着仙霞雾霭，每一片绿叶都升腾着家园的福气，这里的确是山美水美乡村美，生态那吉，绿美天堂当之无愧。阳光下绿树成荫，空气总是甜润的，无不让人呼吸舒畅，身心俱爽，获得中国天然氧吧的殊荣实至名归。这里每一条乡间小路都在伸向远方，每一缕炊烟都飘荡着山村人家生活的芬芳。在本书的字里行间，读者都能感受到炙热的乡土情怀，对自己家乡的深情爱恋并寄予厚望。如今，那吉人民正传承红色基因，赓续革命血脉，不忘初衷，牢记使命，把革命老区建设得更加美好。

本书得到各方的支持帮助，顺利付梓。特别感谢，提供书稿的各位老师，在这里一并致谢。

梁水长写于恩城

2023年8月23日

目　录

第五章　绿美那吉，蜜香那吉

第六章　那吉山水美名扬，处处康养宜居地

第七章　古老而美好的习俗

后记

第一章

大人山，那吉人的精神家园

那吉风景名胜的美言 [1]

大人山——

崇高不与天地争。

那吉河——

大人兴雨，水利万物而不争。

牛塘山——

山不在高，优先（有仙）则名。

高水坑——

山高水远有根源。

大莲金山——

真正的金子都善于沉入石缝和水底，

遇上勤奋智慧的人才会闪闪发光。

河尾村——

只有走进河的源头才能到达山的高峰。

---

[1] 本文作者为本书主编梁水长，后续未署名篇目均为梁水长所著，本文图片《那吉风光》由卢梅珍提供，后续未署提供者的图片均由卢梅珍提供——编者注。

那吉风光（卢梅珍提供）

那吉迎春（郑君文提供）

开天辟地——大人山的传说

在古老洪荒时代。

天宫，玉皇大帝找来太白金星说他的一桩心事。

玉皇大帝推开天窗，手指人间，对旁边的太白金星说："你看那霞光万道，春意盎然的人间，有一个钟灵毓秀之地叫那吉，但那里的乡村未成，黎民百姓未能安居乐业，需要我们帮助，我想派神仙刘三妹在那个地方下凡，建设一个美好家园。"

太白金星捋着胡须，满脸堆笑地点头说："这是一件开天辟地的大好事，功德无量。"

神仙刘三妹下凡究竟做了什么大好事？

岁月悄悄地溜走，但我心中有一个声音没有消去，有一道风景线越发亮丽，有一个故事总在心灵深处萦回。

这声音是石头在流水中摩擦撞击的声音，在历史的时空里传得很远很远，非常动听，有了它才有了那吉的风光，那样的旖旎壮丽。那道越发亮丽的风景线就是那吉山山沟沟的每一个精美的石头，圆的、扁的、长的、短的，圆的浑圆、扁的扁薄、长的如杆、短的像锤，各种各样、形态各异，黑黑的、黄黄的，七彩争辉。那个故事是我父辈从他父辈那里听来再传给我的，我想家乡的人定会世代相传，演绎出无穷无尽的动人故事。

这故事就是大人山的传说。

一条巨龙横空出世，让世界火光冲天。四起的大火足足烧了九九八十一年，然后慢慢止熄。

又在一个风雨交加的夜晚，天空忽然电闪雷鸣，南海波涛汹涌，大地颤抖，一条苍龙奔腾而来，各种碰撞爆裂的声响，惊动天宇。

那一股来自洪荒的力量，让无比坚硬的岩石爆裂，同时诱发了滔天大洪水，在山崩地陷中，一个个石头都生成了自己的故事。

其中，一个石头滚过东南面，在一棵大槐树下停住了，这棵大槐树便开枝散叶，世代繁荣昌盛。

一个石头顺着洪水滚到南面一个平静开阔的水面，这里田园肥沃，人们安居乐业。

说来也神奇，这大石头又分身出五个小石头，在这些美丽的石头旁兴起了五个令人神往的幸福乡村。乡村之间，还有一个丰润如妇的金山，这里一直盛产黄金，这里的人们世代富足。

接着一个大石头滚到那吉河畔一个转弯处，造就了一片石湾田园，这里风景秀丽，诗情画意。

第二天晨曦初现，一幅壮丽的画卷在一条苍龙身边出现了。

有一座巍峨高耸的大山出现在这个世界，它犹如一个健壮的英雄，手持寒光闪闪的长剑，矗立大地，面向南海，守护着它身边河山的一草一木一村一寨，为人们呼风唤雨，保社稷康宁。

那条苍龙非常温顺，充满爱心，它一心要塑造美丽的人间，祈来神仙刘三妹造福那吉这方山水。只见那苍龙头向东呼唤着红日，龙尾顺势而为，旖旎清冽，犹如绕膝孩童，万般天真，无限幸福。

传说中的大人山的确很神奇，你看，从大人山蹦出的一个个石头造就了这一带的山河分布，西北角的神犬山（狗头山）高耸入云，遥望着锦江源头的七星坑，清流湾水神奇美妙。顺势而为，交水坑、马栏坑，泉水淙淙，繁衍生息着一群勤劳勇敢的人们，他们就生活在鸭颈黄角一众山村，现在这一带还出产黄榄，那回龙村的古树公园，黄榄大树参天婆娑。

苍龙一跃牛塘山八脸岭，横过西天，云雾如丽人照镜，楚楚动人，笑靥如花，异彩纷呈。地鼓声中，七星高照。地古田村七星塘村的传说美妙动人。

不久，一切恢复宁静，太阳慢慢升起来了，微风吹拂，彩云呈祥，大地一派生机勃勃，欣欣向荣。

经历过沧海桑田，那吉一带的河山慢慢形成了如今的格局，一个山间盆地形成，那吉河缓缓穿过盆地的中央，悄然汇入漠阳江水系，流入南海。那吉河也发育出许多适合耕种的田峒，比如那吉峒，那西峒、石湾峒、大莲峒、黄角峒、清湾峒。

这些田峒的土地和气候适宜种植水稻，所以有史以来，当地以耕种稻作为主。但由于地形地势的关系，那吉河水系不大，干流很短，农耕往往是望天装雨，靠天吃饭，为了解决河水不足这个问题，人们就想在水流丰富的黄角河截流引水回那吉峒，慢慢地这个愿望演变成仙人塞海的传说故事，城围村也因之成名。

河流缺水，天又常常不下雨。这事玉皇大帝早已经盘算好了。所以在派苍龙降落凡间时也送去了神仙刘三妹。刘三妹是负责耕云播雨的，人间如遇天旱，人们不能耕种，刘三妹就会大显身手。

刘三妹住在大人山的双尖峰南坡，以保护那吉人民为己任。她的行为是一般人肉眼看不到的，只有修行到了神仙境界的人才能看到。

有一年，适逢天旱，天空好像燃烧一般，田地龟裂，人们不能耕种，大家心急火燎。这时，北后村有一个气宇不凡的青年在放牛时一眼看到双尖峰上升起一股蓝烟，随即一个西施一样的美人在山坳上消失不见了。

他相信这就是传说中的刘三妹，最有本事让天空生云下雨。于是他惊喜地把这件事告诉了村里的人们。有长者告诉他，让他带上众人上山把刘三妹请下山筑坛求雨。

大家带着三牲和香烛，一路攀登，好不容易气喘吁吁地爬上了双尖峰，可是却不见刘三妹的踪影。那里好像有一个石屋，石门紧闭。青年相信刘三妹就住在那里，于是率领大家烧香下跪，可石门内仍然紧闭。

青年诚心地长跪地上不起，用力叩了三个响头，头皮都破了，鲜血直流，这时双尖峰石门被巨大的响声震塌了，大人山成山以来这可能是第二次坍塌，那散落在山沟的岩石，至今还躺在那里，人们将这片乱石岗称为鹊窦，如今这里成了遗迹。再说到神仙刘三妹住的屋子，室内空空如也，不见刘三妹，众人不明就里，只是吃惊不已。

谁知一片祥云在头顶飘过，刘三妹按下云头降落在血流不止的青年面前，感动地说着热情的话语，然后慢慢地把青年扶起来，告诉人们她刚才到山下筑好了求雨坛，就等大家回去接受一场喜雨的降临。

就这样，大家在刘三妹的带领下回到山脚。青年一看，一个求雨坛出现在开阔的山坡上，他深情地走近刘三妹，刘三妹也微笑着走向他，两人心有灵犀地相视一会儿，就手挽着手走向祭坛。

两人点燃香烛，对着南方天空虔诚跪拜，众人欢呼雀跃，不一会儿天空果真降下清凉的大雨，人们的田地有了甘霖便可耕种了。大人山南坡那塌下的窟窿从此泉水汩汩流淌，日夜不息地灌溉着人们的家园。

大人兴雨，天下丰稔。

大人山的情思

地球上有许多高山大岭，最高的是珠穆朗玛峰，我只知道它冰天雪地，但没登上过，连走近都未曾有机会。还有大兴安岭，人家说它是地球的绿色飘带，蔚为壮观，我因为去北国加格达奇探亲，穿越过一次，大兴安岭的确不是山，它莽莽苍苍，连绵不断，就像随风飘来天边一样，风光震撼人心。可我离开它很久了，却未曾想过它呢。大人山就不同，当我出门去旅游，看到别的山，我会想它；躲在家里读书翻画册，读到有关大山的文字，或欣赏大山的风光画面，我会想它；与人聊天聊到人生精神时，我会想它。想一座山，从这一点上说，大人山是属于我的山，不是我的山就不会这样想它了。

当我们仰慕大山高耸入云，心里会激情澎湃，当然也会感到畏惧。大人山还不到七百米高，真正的登山者会觉得爬上去只是小菜一碟，有人个把小时就登顶了。这辈子，我也上去过六七次，从少年时代第一次登大人山到七十岁前后，每隔几年就会与同伴去攀爬大人山的双尖峰，还在山顶上唱歌呢。我曾创作一首歌《那山那水那吉人》，开头就唱"大人山，山连山，七星拱照山水间，大人山，山连山，奇花异卉醉人寰……"这首歌创作时是和一个作曲家在一起的，说起以家乡的风景写歌，就激情喷涌地清唱几句，这对我来说是非常美好的感受，在一辈子里，这种感受很难得，我每每想起都很舒心。

小时候觉得大人山很大，不可逾越，因为我的目光还够不着许多事物。对于大人山，我往往将其和父亲比较，小时候想骑到父亲的肩膀上，逞逞威风、跳上跳下、爬上溜下，好不快活。父亲的腰板太直了，太硬朗了，简直就是一道山梁，头颅昂得太高，如山峰入云。这游戏很难玩，除非父亲蹲下去，弯着腰，否则我只有仰望。孩提时代，父亲是我的一座移动的大人山，我骑在他的肩膀上，可以去上学，可以渡河，可以去那吉圩看电影。只要上了那座大人山，我就是快乐的，更有机会调皮捣蛋，而且我还能看到周围的美好事物，因而在别的小伙伴面前我更骄傲自信。

第一次登大人山时，我已经长成翩翩少年了，是跟父亲到大人山的山沟砍树回来盖房子。那时候，兄弟姐妹快长大了，那间又黑又破的房子不够住了。父母决定盖房子，木材哪里来？就去大人山找吧。上山的时候，我望着父亲的脊梁，也想到脚下的大人山。路在脚下，攀登大人山还是有点难，想着儿时的调皮，再凝视不远处父亲的背影，我悄悄地笑了笑，当然父亲不会知道我笑什么，父亲如山，这辈子我心里是珍藏着这画面的。我的肩膀怎么不比父亲的肩膀？他扛着我可以满地跑，还会哼几句木鱼什么的，我把砍下来的乌树扛在肩膀上，哎哟，就像扛着大人山，好重好重。父亲扛着一条大树，却轻松自如，还一边照顾我说，真扛不动就给他，让他捆着两条扛上，让我空手走路就行，但我可不服输，一定死扛，少年逞强不由分说。父亲是大人山，自然能扛起一根木头，我只有学着父亲的样子，把一根木头当成大人山来扛，我下山的路是歪歪扭扭的，步伐更是颤颤巍巍的。

这事情一晃儿50几年过去了，现在想起来，那时不该砍了大人山的树。没有看到森林对人类的重要性。大人山的森林确实不像以前那样风景秀美了，伤痕累累，连带着赶走了老虎猛兽，还有其他温顺的小动物，都无不惊慌地离开了大人山。其实，当最好的朋友离开了我们，我们一定倍感孤独，伤感是自然的事，当然仙霞雾霭还常常缠绕着这座古老的大人山。我记下这些文字，那是我的心声，我相信子孙和别的读者一样，会读到的，会记得沉重而有趣的大人山。

父亲带我上大人山是为了干活，母亲也会带我到大人山涧拾山稔的。四五月时山稔开花成熟了，花朵不大，几片瓣儿开着，很是鲜艳夺目，风吹过，香气扑鼻。山稔子熟了，黑黑的、透亮，咬在嘴里感觉很甜蜜，据说有补气行血的功效，女孩子吃了会变得特别漂亮。我会背着篓子跟在母亲后面，唱着童谣："鹧鸪嘀嗒嗒，稔仔开花阿兰嫁……"很有情趣的歌谣，是母亲教我唱的，至今我还会哼呢。

父亲带我上大人山干的是大人活，是苦力活，他从小锻炼我，是带着理想的。母亲带我上大人山未曾讲理想，是小孩的娱乐，吃了山稔子，身体好好的。当然身体好和生活的理想追求是相互联系的。如今，父亲走了，母亲也走了。如果要登大人山，只能靠我的脚力。我孤独的时候就自然地想起大人山，还常常走近它，看看那里的风景。有时心血来潮，不顾高龄，还是勇敢地攀登它。当然岁月不饶人，我最终还是要把大人山的路让给年轻人，同时幸运的是激情还在，心仍然努力着，伙伴说我老当益壮，可大人山始终比我冷静得多。

大人山，对于一般的山来说，不是很高大，说它是天露山的余脉不假，对于大山脉来说，它只是祖国南方轻轻隆起的一方养人的山水。我不知道关于它更多的地质故事，但我住在离山脚不远的石湾村，看到大人山东西横亘，没有莽莽苍苍的感觉。我们在南坡仰望它，它能常常把降雨的天气表露给我们看，大概是气流被抬升，降水很丰沛，森林茂密。我是饮它的山泉水长大的，可以说生命中确有大人山的清泉滋润，这一滋润就养育了我的灵魂和肉体，调教了我的心态。

自然界有些奇妙，人类还需要好好琢磨，大人山北坡远去不到30千米就有锦江和帝都两个属于大地的"热水锅"，一直奔到从化温泉，南坡山下就是金山温泉，同样是向西南蜿蜒到阳江到更远的地方都有温泉。金山温泉的水温特别高，常常达90℃，流量很大，硫黄味很浓。这是由从化向西南雷州半岛延伸的地壳断裂带，理论上更富有地热。据说，到处都有地热从地壳下面冒出来，但山坡上就不见热火朝天，不会弄得草木不长。偏偏所有的大地之锅都是盛水的，都烧出了温泉，莫非都是无河不热？掏心掏肺地热情奔涌，就是为了人们能在困乏的时候泡个爽澡？我们脚下的大地也真有心思。大人山两边的河溪上都有"热水锅"，也真让这方圆几十里的人们都沾了"温泉水滑洗凝脂"的福气。从温泉开发文旅经济的角度来看，温泉也确实是大人山周边一道美丽的风景线。

大人山的风景既有自然风光，也有人文韵味。它不但影响了山山沟沟动植物王国的形成，也影响了山里山外的人们靠山吃山的生活需要和生活习惯。我发觉家乡从前因为相对于外界闭塞不通，人们不知道外面的世界有多精彩抑或多喧嚣，一心一意看着大人山，靠着大人山，过着鸡犬相闻、炊烟袅袅的日子。路是从家门口出去就往山里钻，太阳快下山了，就只好掉调转头，让山里的路延伸回家门口，不这样还能怎样？随着日月流转光阴远去，人们就形成了言语不多，说话都脸红的性格，更多的人是老实巴交、日出而作、日入而息，也从不想世界的风云变幻会带给他们更多的故事。人们的交流不多，他们种地的手脚功夫只能用勤快来形容；人们也总是进沟谷找山货，养成与毒蛇猛兽搏斗的英勇气质。这种气质世代流传，浸润了代代那吉人，那种山里人的习惯养成了他们淳朴的性格，也涵养了自身的文化，生活就有意思多了。

说到文化也会让人想起，秦朝的时候，这一带属于南海郡，汉朝为高凉郡的范围，但却是南海边的蛮荒之地，人们茹毛饮血，尚未开化成熟。到了宋元明清时期，这遥远的南方开始有意思起来了，北方的人们开始南迁，官府修了驿道，可不像现在的高速公路和铁路，驿道只适合人和马走，只是便利通邮和差役。从肇庆出新兴串恩平去徐闻过海南，许多有识之士因为与当时的帝王一言不合，便被定罪流放，在这向南的驿道上颠沛流离。流放之路不好走，酷热的日子不好过，但他们还是寻找"海上生明月，天涯共此时"的意境，还是把酒问青天，寄情千里婵娟。宋代大文学家苏东坡、元朝"东方莎士比亚"汤显祖都曾被流放到天涯海角。就像夏秋之际从南海卷来摧枯拉朽的台风，大地的景象有了深刻的改变。苏东坡在海南"开天辟地"地培养了海南历史上第一位举人姜唐佐，第一位进士符确，即使后来苏东坡离开海南后，海南人读书求学依然蔚然成风，圣人已去，丹青永在。苏东坡三进荔枝村，"日啖荔枝三百颗，不辞长作岭南人"。苏三村，我去过，那里还有许多古老的房子，老井旁边有一口七八人合抱不住的人工凿成的大石盆，全村人都用它来洗物捣衣，不知苏东坡是否用过？苏东坡流放到哪里，哪就有故事和美诗流传后世。不但杭州有个西湖苏堤，广东惠州也有一个西湖，都与他有关。他戴着枷锁造福一方，千秋万代的人们都感激他，但更喜欢他的崇高境界，喜欢他的优美诗词，推崇他的人格精神。流放又怕什么，苏东坡用他一段肉体痛苦的人生走出了一条通向远方的文化之路，我们跟随着他的身影，也在追寻诗和远方，美景也因此出现。汤显祖，踏着苏东坡的脚印被流放天涯，一路上岂止流血流汗，也留下许多人生的作品。他也是走到哪学到哪吟到哪，带血的脚印总是诗情画意。汤显祖也是很热爱恩平的，虽然他经过恩平没有挖湖造山，他已经看透了窦娥冤的故事，悲天悯人的情怀暂且放下，南恩州的热土让他吟出崭新的意境。"海气层云尽，山烟远烧浮。孤臣随早晚，一饭是恩州。"他经过我们大人山，在山下吃了一顿饭，对我们的父老乡亲感激不尽，感情满满地挥笔记录下当时的情景，这就是中国文化人的情怀。读着他的诗，我们又怎么能不念念不忘自己的衣食父母呢。

这里，让我想起曾朝拜过的海南著名的五公祠和苏公祠，五公祠纪念的是唐宋时期贬谪到海南的5位大人物，分别是唐朝名相李德裕、宋朝名相李纲、李光、赵鼎、名臣胡铨，他们都不惧仕途坎坷，无论荆棘，无论冰霜雨雪，忠心报国、视死如归，他们是真正的胸怀祖国、放眼世界，他们大多为他们所在的时代做出过重大贡献。苏公祠就是纪念苏东坡的，而苏公更是以诗词名扬万古千秋。他们不认为被贬就仕途尽毁了，相反活得轰轰烈烈，万分精彩。

大人山，当年的驿道就是在你的山下经过，唐宋时代的杰出人物成了流放者，他们坚毅地迈着大步，从你的山坳走过。他们一定昂首挺胸凝视过你，而你也默默见证了他们的艰辛和伤痛，但越是艰辛越是卓越，越是伤痛越是才情万卷，这就是不愧时代的仁人志士。大人山，你虽然不像苏东坡那样名声大噪，但无论山有多高都在蓝天之下，你宽广的胸怀容纳了万古千秋的风霜雨雪，容纳了无尽的萧萧落叶，也奉献了古往今来的欣欣向荣。你的名字不像走过你身旁的英雄壮士那样有名可考，你从哪个年代有了这样伟大的名字？不得而知。我想你从来都不因名字的伟大而狂妄自大，我想你大就大在你的胸怀，因而你也从不小看自己。人们叫你大人山，其实是心灵的呼唤，青葱翠绿之中养成不屈不挠的个性涵养，始终把自己的顶峰让给攀登者的红旗，你只见证人们的快乐与美好。眼看云絮随风去，人间自有精神在。

大人山，你是我最伟大的父亲，人生最好的榜样。

大人山，那吉人的精神家园

　　我的家乡那吉是一个美丽的地方，我眼里的大人山南坡一年四季总是诗情画意。

　　恩城至那吉的公路就从大人山山脚的高塘村前面经过，无论从外面回到家乡，还是从家乡走向远方，倚着车窗眺望我都能看到雄伟巍峨的大人山。在我心里他高耸入云，集结了我全部的乡愁与奔向远方的梦想。

　　浓浓的乡愁，美妙的诗和远方，倏忽让我穿越着历史的时空。我想起了恩平一部古老县志中关于大人兴雨的诗文记载。它生动形象地描述了大人山南麓，也就是今北后村附近古人求雨坛求雨的圣境，我曾经访问当地的老人，也见过确有求雨坛的痕迹，传说神仙在双尖峰下凡，为百姓行云播雨，这也与诗文描述吻合。而那些美文更是乾隆时期曾任恩平知县的堪舆大师曾萼亲手记录的。

　　我手翻着古籍文献，心潮澎湃，眼前顿时时出现了仙风神雨的幻象。这些美丽的诗文也从侧面描述了家乡的古代文化。

　　人类历史的发展从无知到现代文明是一个浩渺辽远的时空过程。古人求雨的愿望是可以理解的，这反映了他们敬畏自然、尊重自然、服从和依赖自然，所以他们才向自然索取生存的物质基础。古人祭天求雨虽是迷信，但想想那时的盛况，今人无不为之动容。

　　大人山求雨坛的奇闻逸事虽然随着时空远去，但它留在山坡上的痕迹还隐约可见，站在那里抚今追昔，人们无不肃然起敬。在对自然和气候的认识上，古今已经不可同日而语，但也给我们爱护自然、保护自然和利用自然提供了许许多多的启发。

从历史的时空我回到大人山的面前，想到古人给这座大山命名，觉得内涵也实在太丰富了。它的确名不虚传，你看，自古以来它就像地球上的一个威风凛凛的英雄，一位慈祥憨厚的父亲，面朝南海倚天而立，栉风沐雨而繁荣昌盛，令人仰望。

它是天露山的余脉，由七星坑黄角狗头山向东南蜿蜒逶迤，莽莽苍苍，到了那吉镇北后村背后，凸起一座双尖峰，接着冲来一尊单尖峰，到了一个叫鹊窦的地方戛然中断，山体陡然垂直成悬崖，在那里呈现古代山体滑坡的痕迹，令人生畏。双尖峰像官员案台上的笔架，单尖峰犹如通天蜡烛独秀峰。

大人山是一座很有性格的山，山不高却称"大人"，敞开胸襟，包容万物。有性格的山造就了有性格的河，山溪水不深，却有龙鼓潭，轰鸣声响彻万年。从双尖峰的一滴雨水开始汇聚一股清泉，然后又两股清泉，咚咚锵锵，撞击岩壁，率性一拐，在大地上淌出了那吉河，孕育了两岸的家园，然后悄然奔至漠阳入南海。山的北侧锦江河滚滚东流，源头在南侧的那吉河，不问源远流长，不追求澎湃浩大，问的是两岸家园的灌溉与丰稔，追求水利万物而不争，只要天天向下就能到南海。上善若水，不因河流长短，也不因流域大小，每一滴水都是晶亮甘甜的世界，更何况是一条不知疲惫，永远奔流的河流，水能向海，足矣。

大人山是恩州大地上的一道分水岭，演绎着一部自然与人类和谐相处的历史，它与别的大江大河一样，没有回避风雨，没有回避贫瘠，它最擅长的是在山林中歌唱，给两岸家园浇地耕种，其间妙趣横生，那是一生一世的不贪婪，默默无闻的奉献。

作为天露山的余脉，在地理位置上它又处在恩苍断裂带中，注定地热温泉丰富，涵养一方山河的繁荣精彩，所以山下的金山温泉自古闻名遐迩，被称作"天下第二泉"。

大人山海拔不高，只有700多米，但它胸怀宽广、腰圆膀阔，容纳着自然和人世间太多的宝藏。因为它横亘东西，阻挡了南北气流的通行，造就了小地区独特的气候，具有"南枝向暖北枝寒，一样春风有两般"的气候特色。

那吉南坡一侧是迎风坡，春夏抬升来自南海的潮湿气流，气候终年温暖宜人，降水丰沛，亚热带植被茂密，森林资源丰富。

受地形地貌和纬度的影响，亚热带雨林季风气候独具特色。那吉被国家评为中国自然氧吧、中国森林小镇一百例、中国避寒宜居地、中国温泉之乡，这些殊荣实至名归，它们闪闪发光照亮了祖国的南方。

大人山南坡的生态环境非常优异，生态价值极高，你看山涧乔木高大，山腰灌木葱茏，山顶却又是一片草甸广阔的景象。奇花异卉满山沟，尤以吊钟花、山稔花、金银花、禾雀花著称。

生长在海拔五百米的山坡上的吊钟花在春节前后绽放，像一个粉色红润的美人，在风中摇曳，显出万般风情，让人一花独爱，被人们传颂为吉祥花、迎春花，过年时被人们从山上请回家中迎接新年，增添无限欢乐、祥和的气氛。

禾雀花花藤硕大，绕石成景，横跨山溪的瀑布之间，每当禾雀花串串，山涧百鸟欢鸣，大人山的自然交响曲此起彼伏，令人陶醉。

大人山南坡由于气候湿润，土壤肥沃，植被特色鲜明，中草药极其丰富，令人赞叹。黑面神、七叶一枝花、文王一支笔（通天蜡烛）、三丫苦、巴戟、金银花、山稔花……哪一枝哪一朵不在风中摇曳生姿。遁入这自然氧吧，沉浸在安静而芳香四溢的境界，让人心旷神怡，更加向往森林，向往美好的生活。

地灵必有人杰，大人山下村村寨寨世代都成长着许多土郎中，护佑一方山水，祛疫消灾，救人治病，保百姓生活安康，世世代代的中草药与土郎中成了人们心中的活神仙。

时代的步伐从来不会停止，大人山的故事世代流传，浸润着人们的身心，影响着人们，扩展着思维，丰富着智慧，在文化和科技的领军作用下，人与自然更加和谐相处，共繁荣，共美好。

勇敢勤劳的那吉人正在制定规划并且行动起来，保护和利用好"中国天然氧吧"的山山水水，该封山育林的不折不扣做好，该发展的就遵从自然绝不伤害，写好人与自然这部大书，展示林下文化、林下经济、林下乐园的新篇章。

　　我一生钟情家乡土地上的大人山，景仰它、学习它，愿为它洒血流汗。

　　金山银山求之不得今生竟得。

　　神奇美妙成天然人杰更风流。

　　大人山，那吉风景名胜美颜，清流汩汩养人间。

大人山

大人山吊钟花（梁水长提供）

大人山南坡"雪竹"

大人山鹊窦

大人山秋色

大人山鸟瞰大槐镇

大人山双尖单尖峰

大人山铜鼓潭

高塘村

大人山猪槽潭

瑞禾石

山涧小景

云雾中的大人山

大人兴雨，那吉风光好

翻阅恩平古代县志，眼前一亮，里面竟辑录好多首《大人兴雨》的同题诗，生动描述了古代那吉大人山南坡的求雨情景。

为寻找佐证，我们一行走访了大人山周围的乡村，询问了许多老人，都摇头说不知道古代恩平人求雨的故事。我们带着民间的传说，来到了那吉镇高塘村，向北远远看到一座巍峨的山峰，山上云雾缭绕，景色壮丽，那就是大人山。

经过一番辗转，我们来到了大人山南坡的一个只有二三十户人家的小山村北后村，它就像被大人山拥抱着一样，村前有一口清亮的小池塘，映着大人山双尖峰的倒影，美丽得惹人凝视，周围古树参天，就算是已经冬天，仍然林木青葱，修竹滴翠，真的是风景这边独好。

我们走在石头巷子，时不时鸡犬相闻，山风酥酥地吹过，非常宜人。一阵咳嗽声传来，我们看到一个长者步履蹒跚地走出门口，赶紧迎着走向老人家。他戴着一顶棉帽子，面如铜鼓之色，经问高寿，他说88岁了，我竖起大拇指，称赞他健康高寿，老人家乐呵呵地笑了。

老人姓黎，叫齐叔。不一会儿我们便相谈甚欢。我们也把此行的目的告诉他。他挥手指了指身后的大人山双尖峰，便娓娓道来。

齐叔说，他在小时候见过人们在山上的求雨坛求雨的盛况。那时可热闹了，人们从四处赶到大人山求雨坛，有人着装古怪，还有吹着牛角的南婆，有人唱着求雨的诗文，有人手舞足蹈，不断把酒洒在地上，把纸钱抛向空中，这就是当地人在拜天求雨，祈求风调雨顺，国泰民安。

齐叔讲起来神乎其神，还说了他爷爷的故事。那年大旱，他爷爷还是一个健壮的小伙子。一天早晨，他和村里的人们看到大人山双尖峰有一队仙女下凡，在山谷里飘来飘去，正当大家吃惊的时候，仙女们停在了一个树丛中，那里有一片自古以来就斜躺着的石林，供奉着一个菩萨。

因为苦于久旱，人们顿时领悟了，你一言我一语，议论中大家迅速做了些纸钱供品，很快攀爬到了山上，一番真诚的拜祭，就把菩萨请回求雨坛，点燃香烛，虔诚地举行祭天求雨仪式。

本来晴空万里，空气都被太阳晒得滚热滚热的，霎时间雷声远远传来，不一会儿就黑云压顶，狂风暴雨席卷而来。

我们都听得入了迷。我摆弄了一下手机的指南针，这里正好是大人山南坡，心想这可能是迎风坡地形对来自南海气流的抬升作用造成的降雨。至于人们祭天求雨的神秘故事，我内心深处也是恭敬尊崇的。

关于古人祭天求雨，我也查阅了一些相关的史料，祭天求雨是中国古老的习俗，反映了当时人与自然的一种神秘关系，其实也是一种对生存环境，主要是对气候以及天象的祈盼和探索。

求雨不仅是生活的愿望，更是为了保障农牧业生产需求的一种"举措"。求雨坛的作用不单是在大地干旱时求得天下雨，在洪涝来临时也祈愿止雨，在今天这个科学昌明的时代，看起来有点迷信，但是这反映了古代人们的认知水平，也是值得我们研究的。

汉代思想家董仲舒通过对古文献中求雨案例的整理，运用了阴阳和五行理论，对求雨进行了系统、全面的诠释。专门写了大旱时《求雨》、雨涝时《止雨》的文章，收录在他的《春秋繁露》著作中。《求雨》讲了春、夏、秋、冬四季不同的求雨仪式，成为官方较长时期求雨仪式参照的范本。《求雨》篇写得非常系统且详细。董仲舒祈雨之法强调五行理念，祭品、服饰、方位、颜色对应于五方观念。董仲舒运用天人感应的理念，加上了阴阳之术，使求雨的方式更加理论化。比如求雨的时候，城市的南门必须关闭，北门开放。因为南为阳，北为阴，火为阳，水为阴。还要把妇女全部集中到开阔地，免除女性的租税，同时要加大男性的租税。禁止男性喝酒，丈夫见到妻子，还需要恭敬有礼……因为男为阳，女为阴，求雨之法需"损阳益阴"。

后来宋代也多次颁行《祈雨法》，要求地方官吏遵行，主要举措就是以龙或者是其他水生物致雨。宋咸平二年（999年）颁行《祈雨法》后，景德三年（1006年）又颁行了《画龙祈雨法》，还有在全国颁行《蜥蜴祈雨法》等。这些祈雨新法并没有多大创新，其本质仍是交感巫术，以道具式的土龙、画龙等，代替想象中的真龙，形成更为直观的祭拜对象，再辅以阴阳五行之术，求与同类相感。

求雨习俗并非中国所独有，在世界上的很多地区，不同文明的民族中都曾有过求雨习俗。

求雨是万物有灵观念的产物，也是人们使用某种类似巫术的方法祈求上苍满足自己愿望的古传习俗。

古代中国是一个以农牧生产为主的国度，雨水是农牧生产的命脉，影响到粮食收成的好坏，直接关系到国库的收入与王朝的稳定。所以，求雨受到了历代朝廷的重视，从皇帝到知县，每遇天旱，都要设坛祭祀。祭祀时，贵为一国之君的天子也要向龙王下跪，并作为一种典章制度，有专门的规范载于典籍。每逢岁旱，设坛于城隍庙。而在民间，农民普遍认为，天旱是因为得罪了龙王爷，为求龙王爷开恩，赐雨人间，就举行一系列形式各异的祭祀、祈祷仪式来求雨。

祭天求雨，是一种朴素的愿望，也是一种生存需要，齐叔的故事在过去带有迷信的色彩，而到了现在，我们科学昌明，耕云播雨已经渐渐成为现实。

北后村求雨坛的故事还是一代一代流传着，在大人山南坡求雨坛留下的历代古诗文非常优美，这是那吉文化的瑰宝。顺着齐叔的故事，我默诵着古代恩平人大人山求雨诗，思想忽地长了翅膀，在天空的云彩间飞翔。

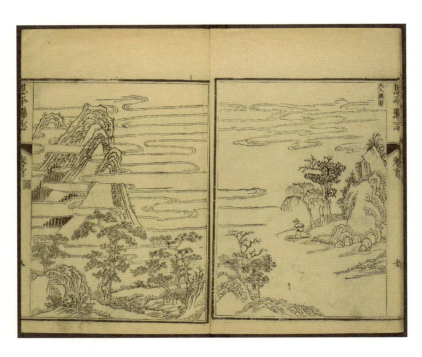

熇暑燕雲黑西山彎不開風搖千樹響知是雨將來

大人興雨

之四

西山一片雲散作千巖雨山雨未來時山風先

瀟樹

大人興雨

古越 徐枝芳

之三

飛龍祠潭水忽腥龍欲起仰望黑雲一片橫高

西山義義碧霄裏下有龍潭深無底土人壽雨

峰修忽散布彌虛空日色曬曜松影亂樹頭已

來少女風

大人興雨

前人

之二

颯颯狂飇滿石樓黑雲一片暗山頭行邊日隱

千巖棐坐處涼生六月秋昨夜銀河曾渡豕今

朝錦樹忽開鳩不須更向龍潭壽會有神漿瀧

綠疇

大人興雨

前人

之一

大人兴雨

大人山的奇葩吊钟花

今天大清早我们就从恩城出发向西南那吉北后村方向驱车前进。

我们的汽车行走了20多千米后，到达了大人山南麓的北后村。这村子背靠黑黝黝的大山，看上去只有十几户人家。

我们将车停在长满杂草的村场上，而后我们说笑着出发了。每人拿着一根一米多长的棍棒，一则是用来助力探路，二则也是为了安全防护。山脚的路被挖土机挖过，那些半红半黄的泥土很是松软，踩在上面鞋印很深。上山的路说陡就陡，让人立马感到吃力，我是上了年纪的一个，顿时气喘吁吁，抬头望望山顶，目标很明确，不用怀疑脚下的路。一字排开的队伍很快就变成三三两两的几组，不久，前面的一组人惊呼起来，说是发现了野兽的脚印。我们很快也看到了，一大一小两行，经目测那是猫科动物的脚印，大的应该有六十到八十斤重，小的四五斤的样子，两行脚印一深一浅挨得很近，是否母子一对，大家不得而知，纷纷猜测，老虎不可能（据说早已经绝迹），豹，有可能吗？虽然原生态的森林环境已经大面积减少，到这里还是山高林密，到处流水淙淙，各种雀鸟满森林地歌唱，放眼望去层峦叠嶂，葱葱茏茏。可以看到这里的生态系统还是十分完整的，这两行动物脚印显示出这片森林的宝贵。

很快，我们追踪的动物脚印在一条山坑前消失了，眼前没有路了，兴奋的我们没有半点恐惧，队伍一头没入了丛林。哗，又有人在林中发现了奇葩，那东西一丛丛，像一根根蜡烛，长在落叶上，长在石头缝里，潮湿的地方长得最饱满，红红的惹人陶醉。大家围拢过来，开心地拍照。这美丽的植物我以前在其他深山老林见过，认识的人说它叫通天蜡烛，是非常有价值的中草药。

我们今天的主要任务是到达山顶，寻找吊钟花，因为我们接到一个任务，要先到山上侦查吊钟花的生长情形，好在明年春天再带科研人员上山观察研究。这也是我向往已久的事，山顶不是很高，海拔只有700多米，而吊钟花则大多分布在海拔500米左右的地方。一般它是在每年春节前后绽放，现在离春节还有十几天，不知今年吊钟花开放的时间是否会受天气的影响而有所变化。所以我们把一路登山遇见的宝贝暂且抛在脑后，见到吊钟花后心里才会踏实。谁知我们很快迷路了，辗转一番，我们尚未找到出路，好在现在的手机能定位，有百度地图。在手机的引导下，我们的方向不会错，但林子越来越深，树木密不透风，荆棘丛生，山体特陡，可想而知攀登有多难。快到下午3点了，我们才到了海拔400米的山腰，离海拔500米左右的地方也不远了。休息片刻，大家相互鼓舞着又往上爬去，面前的一段路十分陡峭，而且泥石松散，幸好路边长满许多不知名的灌木，我们大家都是前一只手攀着一棵树后一只手撑着一棵树，站稳脚跟再前行，真是一攀一登，动作精彩。不久一阵狂风吹来，阳光也在云彩间喷薄而出，看到天空我们心里不再忐忑不安。

　　终于我们在海拔500米处看到了面前属于我们的目的地，这落脚点比较平缓开阔，我们要寻找的吊钟花就是在这里生长的。翻山风此刻也沉静下来，往山顶仰视，单尖峰和双尖峰云雾缭绕，呈现在我们面前的是一派仙山琼阁的景象，大家禁不住呼喊太美丽啦。此时，寻找吊钟花的我内心有点猴急，四处张望，在灌木丛钻来钻去，功夫不负有心人，很快我发现不远处屹立着一棵树，它的枝枝丫丫都冒出花蕾，树尖上还有一丛花朵正在盛放，真像一串粉色的古钟，迎风摇曳。凝视着眼前的花朵，我心里一动，与其说她像一口古钟不如说是一个面色红润，眼里含情脉脉，身姿灵动的公主。我朝着面前的倩影扑了过去，忙不迭拿出手机对准了令我无比愉悦的吊钟花。一会照相师傅也过来把专业相机对准了让人心仪、创意无限的公主花。以单尖峰和双尖峰为背景特写一番之后，我们继续不断兴奋地相互转告眼前的发现，视线中的盛景真是令人目不暇接。

　　一棵，两棵，三棵，满山坡。我沉醉在这天然的吊钟花花园里，有时兴奋得手舞足蹈，对着彩云呈祥的双尖峰呼喊美好，有时屏息凝神，遐思着诗和远方。我想诗就在面前，有诗的地方就有远方，就有梦境。忽地我想起了一个远方诗人描述吊钟花的诗句："凌波微步逐惊鸿，紫燕翻飞欲向空，曼妙多姿携彩蕾，天鹅一曲醉金钟。"太美丽，太美好了。我又想起了儿时母亲口中吊钟花的故事，那时七姐下凡人间，见此地风景独好，村村寨寨过着吉祥安康的生活，便化身凡人安身人间，无忧无虑，快快乐乐地生活，同时也给周围的人们带来美好的生活。一直以来，每逢过春节，人们都跑到山上把这寄予着神仙祝愿的吊钟花带回家中，喜气洋洋庆祝吉祥美好的新年。就这样形成了当地经久流传的过年习俗。

　　大人山吊钟花，我爱你，愿你永远带给人间吉祥美好。

鹊窦，一个看日出日落的胜地

到处寻找欣赏日出日落的胜景，我走过许多地方，攀登过许多山岭，大人山南坡的一处石丛，嶙峋怪石，鬼斧神工地砌筑在那里，各种形态栩栩如生，像是个大大的喜鹊窝。所以，人们管它叫鹊窦，鹊窦旁边还卧着一座不知哪个年代的古墓，传说安放着一个古代南方圣贤的骸骨。

这里海拔不高，只有500多米，可这里左右两面山峰都齐刷刷地戛然而止，形成一个山体断面，悬崖壁立，让人心扉一亮，站在这里面朝南方，可以遥望百十千米的山峦与城乡。你若驻足这里，背靠着大人山，吹着沁人肺腑的山风，听着鸟音流泉，晨看日出，暮赏夕阳，心灵飞翔，感悟此生，为之动容。

鹊窦，确实是个朝看日出暮赏夕阳的风景胜地。

有仙则名，神奇胜景牛塘山

阳春三月我们登山踏青，兴致勃勃地来到那吉镇的牛塘山。这里是一个被保护得很好的森林公园，草木葱茏，山花烂漫，胜景处处，自成一绝。这就是名声在外的那吉牛塘山。

禾雀花开满山香

早上10点，我们在当地护林员温叔叔的带领下从岭背村出发，从东向西逆时针方向攀登。顺着风流谷进入树木遮天蔽日的马栏坑溯溪而上，这山涧泉水淙淙，好像美妙的音乐，小瀑布一个接着一个，到处是奇石奇树，奇花异卉数不胜数，最惹眼的是横贯山涧的禾雀花，我从未见过那么大的一根藤，篮球那么粗，攀崖过树，一串串一丛丛，一只只"禾雀"，有的展翅飞翔，有的安静闲立，姿态万千，好不美丽。溯溪的路并不好走，但溯溪的风景很美，再配上熟悉这一带地形景物的护林员的讲解，我们都非常兴奋，没有谁愿意停下脚步休息。

指点江山

到了中午时分，我们登上了牛塘山顶，人自然是气喘吁吁，汗流浃背了，但因为有熟人带路，更因为情绪昂扬，只个把小时，我们便站在了高处，豁然开朗，目光漫向天边，我们在牛塘山上欢呼雀跃，人人不甘示弱地辨认着各种花卉草木。我们爬上一座高处的岩石，风把我的头发吹得飞扬起来，衣服猎猎作响。此处可以展望那吉东南西三个方向，俯瞰那吉大地，山脚的石头村、新屋村，远处的那吉圩、潭角村，几十个村落都映入眼帘。朦胧的山岚之中，我们忙不迭地摆造型拍照，心向天际，万千风光进入胸廓，留影风景之中。我的好心情来了，顿时眉飞色舞。一快乐，竟然任性地高声唱起了牛塘山民歌：牛塘山，山高林密石成仙，天造地设顺其自然。美丽的山，美丽的水，美丽的石头，美丽的女人，人间幸福美美美……

身融画卷，能拥山水间情趣，优哉游哉。

大地之母

牛塘山山顶好像火山口一样，围了一个天池，东南向有点儿缺口敞开，上面石头不多，一坡接着一坡，绵延成连着天边的大草甸，到处长满没膝深的茅草，金黄金黄的煞是可爱。触景生情，我们停下脚步，是因为我们内心深处的情愫得到了激发，不断照相，不断点赞。

大家几乎同时发出惊叹："大地之母，那吉的母亲山。"果不其然，山顶上一个个小山包浑圆丰满，曲线流畅，神圣美丽，极像养育我们的母亲的胸怀，而且比例那样恰当，无愧是天造地设。此情此景，让我们第一时间想到了自己的母亲，这也是我们生命旅途中最动情的一刻。

说也神奇，牛塘山在那吉西部，而大人山被称为英雄的父亲山，他依天傲立，横亘在那吉的东部。父亲山，母亲山，万年来，相偎相伴，深情相望。

我心中呼唤着，我们那吉注定是个吉祥的地方。集体发现牛塘山的这一美景，难怪要欣喜若狂了。

风儿吹着显出了大地的温顺与柔软，风儿停下，她又好像在沉思这个世界了。大家在草坪上随意坐着，随意打滚撒娇，都几十岁的年龄了，我也白发苍苍了，在母亲山的怀里，却是那样天真无邪，率性而为。

七仙下凡处

自然界有许多东西都是相互关联的，人们的传说故事也是这样。听护林员说，在大地之母怀里，从前有一个天池，曾经碧波荡漾，七仙下凡时更衣沐浴就在这里。不知哪个时候，天池的东南面开了个缺口，像是受伤了，天池的水干了。这些年来，定是因为国泰民安，伤口处好像慢慢愈合了，神不神奇？我深信，随着当地文旅经济的发展，人们会筑坝蓄水，这个洋溢着美丽故事的天池一定会在不久的将来，恢复昔日的灵光。

正当我们陶醉的时候，护林员的手势又把大家的目光凝聚到一处。我们向西仰望，只见不远处的山顶人为地堆砌着石头，使浑圆的山顶变成连天的峰巅。护林员说那里是七仙下凡的地方。听了这个传说故事，我们精神抖擞不知疲惫，汗流浃背地往那个神灵的地方走去。

风似乎在我们来到此地的时候停了下来，我们一行围绕着那堆"金字塔"般的石头静默了一会儿。我发觉这里比较开阔，到处深深浅浅地露出各种石头，其他地方却是没有的。这个"金字塔"完全是人为的，是一个小小的圣坛，相信是一拨一拨的登山者为这个传说中的神灵之地添加了自己的思想和劳动，从旁边捡来石头垒出了迎接七仙下凡的"金字塔"。

登顶了，这是一处心灵向往的境界。虽然站在高峰处永远也不能接近天宫，但是我们的祖先从这里想象过神仙与人间的美好故事。我们灵魂的深处始终包含着对天的崇拜，所以后来的登山者，自然而然地对七仙下凡之处顶礼膜拜。

出于虔诚和敬畏，我们大家也四处捡石头，在"金字塔"上垒上了内心深处的风景。

风吹石磨

关于牛塘山的传说故事是很多的，护林员向我们娓娓道来，我们侧耳倾听。

一会儿狂风又起了，我们赶快移步到一处山窝。嗯，这里温暖无风，让人十分舒服。护林员告诉我们，从前，每年冬天四周乡村的人们将耕牛全部赶到山窝上过冬，第二年春天开耕，人们再把它们牵回来。这里满是草儿，耕牛在这里有享用着美食，这里又有青草又温暖，自然成了牛儿的幸福天堂。看到草地上有牛粪，我们知道，现在的村民依然以这种方式放牛。

牛塘山海拔不高，但山不在高，有仙则名，这儿倒也真有美丽的传说。从这里放眼望去，前面丘陵状的山头，像是塞满稻米的袋子，鼓鼓囊囊堆向天边。在这沟谷窝里，有一座分为上下两层的"石磨"，当地的人们说是神仙吕洞宾留给世上的造福之物。只要有风吹过，"磨盘"就会被吹得咯吱咯吱地转动起来，白花花的谷米就顺着磨坑流出来，以济天下百姓。如果你用手一推石磨，回到家中就会发财添丁，传说灵验得很，谁人到此一游，伸手抚摸，就能沾上福气。有人还在旁边竖起一个牌匾，上面写着"伸手一推，带回福气"。于是这传说中的"石磨"就成了著名的景点打卡地，远近的人们攀登牛塘山来此处朝拜，络绎不绝。

故事传得越来越神妙，有一天，旁边那块让人垫脚磨米的石头被风一吹就滚落下山，越滚越快，可是当滚落到良皮村公庙的大树下时，猛然停止了，过了片刻，围观的人们发现那石头砰的一声裂开了，像一对求神问卜的"胜杯"，慢慢地人们领悟了风吹"石磨"的神力，要想山上的"石磨"赐给人们谷米，带来幸福美满的生活，就到公庙"跌胜杯"，后来又演变成"跌胜杯"能知祸福，要办喜事也来"跌胜杯"，择得良辰吉日。

护林员成了我们最好的故事员。

如今，这牛塘山成了人们讲故事、体验生态环境、拍美景的胜地。

诗意盎然的小路

山不在高，有仙则名。牛塘山的奇异山水产生了许多奇美的传说故事。今天我们就是在这些故事场景中穿越，处处流连忘返。其间，那洁白的小路在草丛中此起彼伏，在山坡上如彩带随风飘扬，给壮美的山峰增添浪漫的风采，顿时也给了我无限的遐想，它在我眼里是一道最美的风景线。

天那么蓝，草那么黄，小路在那山窝窝蜿蜒盘旋，这小路刚好够一人通过，就是宽阔的草地也同样的大小，我想这也是登山者步幅的规定，道路是由脚步决定，走的人多了，就给人以前进的方向与便利，这很自然。

　　我站在高处远望这条蜿蜒盘旋的小路，或平坦或崎岖，我的心灵也在踏歌前行，不留恋开阔，不在意沿途荆棘，更不惧怕崎岖陡峭，一步一个脚印，前行，前行，还是前行，我们必定到达顶峰。

　　这弯曲的小路浸染了多少汗水，重叠了多少脚印，才有了我们今天攀登的路，我们的脚下，就是牛塘山的历史，展现着牛塘山的美丽。

　　路，不论大小，只要通向远方，通向美丽，就是我们迈出脚步的所在。

云丽坑

放牧牛塘山

牛圹山"大地之母"

牛圹山"大地之母"

风吹石磨

牛塘山和雀花

马兰坑

牛塘山和雀花

徒步牛塘山

牛塘山鸟瞰

七仙下凡处

春天的牛塘山

诗意盎然的小路

第二章

行走山水，乡愁渐浓是故里

行走山水，乡愁渐浓是故里

家乡的山山水水，家乡的一草一木，家乡的人民是最美的，即使她贫穷落后，我也爱她，我始终用美丽的眼光看家乡。

春天的那吉，是一块充满想象力的土地。

—— 题记

生于斯长于斯，不能忘了斯。家乡一辈子都在心中，虽然一个人的力量有限，但活着就应该为她尽心尽力。

那吉历史悠久，山川秀美，特别是这块革命老区的红色土地，让我从不敢忘记。那吉和清湾一带历经分合，合并为那吉镇，曾经名为清那区，是清湾那吉两片土地的结合。现在的那吉镇有7个村委会和1个居委会，包括那北、那西、黄角、七星塘、潭角、大莲、那吉圩和沙河（本村委会范围较大，下辖了过去清湾镇的大部），114个村子，全都属于革命老区。清湾与那吉是抗日战争和解放战争游击根据地。过去，这里凭着地处深山老林和远离城市，加上当地人民的纯朴，成了中国共产党保存革命火种，集合和训练部队，发动群众建立革命根据地的坚固"堡垒"。这就是生我养我的红色故土，这一回，我一定要好好走走，多看看美丽的山水，多听听家乡的故事并把它记录下来。

我始终以美丽的眼睛看故乡。子不嫌母丑，毕竟家乡的山水草木，家乡的土地，还有生活在那里的父老乡亲，怎么也忘不了，为了一笔感情债，有时想着不能入睡。生我养我的地方，激励我走出大山寻找美好生活的叔伯婶母，他们对我叮咛过的话语永远在耳畔回响，他们对我流露出来的期待眼神让我一辈子都忘不了。

退休了，我从城里回到家乡，和城市一对比，太多的地方不尽如人意了，甚至和童年的家乡相比，有些地方难免令人伤感，但我始终用美丽的眼睛看着她，看着她的美好，也看着她的忧伤。

　　我曾经用徒步的方式走遍了全镇每一个村落，最远的一次是从我的家乡石湾走到清湾的沙河村，行程近30千米。早上7点背上行囊出发，到了沙河村已经是下午3点了，站着休息了半个小时又开始回程了，一直走到晚上11点半才到家。其他村子，有的我已经走了好几遍，每到一处，我都有回忆，回忆童年乃至青年时代留下的脚印，流下的汗水，那些故事至今仍然历历在目。

　　我反复去过狗头山下的狗头村，我对这个村子有着特殊有感情，因为我的奶奶在这里出生，在这里长大，然后嫁给我爷爷。我小时候常常跟奶奶走亲戚，记得表哥对我很好，他到后山割来竹子给我做玩具枪，上下三家的孩子都围着我们玩，非常热闹，非常开心。可是今天我来到这里，见村上并没有多少人，门口坐着纳凉的还是几个咳嗽着的老人，我不敢打扰他们，悄悄地在村场巷道踱步，任思想飞翔。村子新房子不多，黑黑的瓦盖，不见从前的炊烟袅袅，虽然村子还有点齐整，但巷道失修，村场到处长满荆棘杂草，打开门户的人家不多，村人应该都去城里打工了，已经是盛夏了，家家户户还贴着春联，说明主人仍然不舍自己的房子，不舍家园。

　　行走在家乡的路上，我常常与熟悉的或不熟悉的父老乡亲交流，分析我观察了解到的问题，提出我的建议，这样我心里特别舒服，因为我做着我喜欢做的事情，我深爱着生我养我的山山水水，疼爱我的亲人们。

　　一次，我在一个山村活动，发现村民很熟悉中草药，也有一些乡亲种植仙草。我觉得这是山村致富的好门路，于是就鼓励他们多种这种做凉粉的仙草。但他们反映种出大量的仙草都卖不出去，原因是出城的乡道不能行车，有东西都运不到山外去。我顿时明白了，修路刻不容缓。我带着这个问题向有关部门反映，并与相关领导走了一趟这个山村的路，了解了村民对发展经济的渴望。很快几千米的山间乡道修好了，仙草和各种山货卖出去了，有了更多的收入，村民无不乐呵呵的，用情用心于人民是最美好的。

还有一个村子，有村民想种草药，我发现他们这想法很好，但未能下决心种植。我知道情况后，马上找到伙伴，立刻驱车到狗头山下，找到很多的板蓝根带回那个村子，并与村民一起种下，现在那些板蓝根长势喜人。

乡道之上有脚印，山水之间有身影，土地之上有汗水。每当我通过调研，发现某个地方某个乡村，有可开发的文旅资源，或能够发展经济，我都喜欢和那里的村民商量，寻找办法。我跟他们说，这叫作"织猪笼"，村民先行动起来，寻找致富的路子，积极发展家乡事业，终究会引起各方关注，得到支持，有利于发展经济，建设好家乡，这也是我乐此不疲喜欢做的事情。

本镇大多是小村子，大村只有几个，数得出来，那是回龙村、新坪村、聂村、石湾村。这几个大村，从前也只是人口过千，仍不算多，或许是因为地处山区，居住条件不好，耕种土地不多，自古都是"游耕户""耕田厂"，后来开枝散叶才立村居住，当村中的人慢慢多了，维持生计又不容易了，此时就要"穷则思迁"了，剩下经典的穷山村，多是残垣断壁，瓦楞散落。

回龙村，名字很美，走进村里，见到的新房却很少，低矮的房屋，显得有点萧条。村上也安装了电灯，不至于天黑后大山前面笼罩着一片漆黑。从前村里靠山吃山，自给自足，日子过得倒也安稳，人们很少外出打工和求学。到了20世纪80年代，出了个勤奋读书的女孩李柳茵，她家里兄弟姐妹多，父母养活她们是很困难的，但李柳茵暗下决心，通过上学读书成才，走出大山，她如愿以偿，家里自然开心，也有了榜样，结果兄弟姐妹大多成才。村中有奋斗创业的成功者，他们在外赚钱致富后不忘桑梓，在成功人士李活常的带领下，纷纷捐款赞助孩子们读书成才，从此读书成才的孩子层出不穷，考上国家重点大学的不在少数，而且一年比一年多，一个个都为家乡增光添彩。

这个山村有很多感人至深的故事，既有打贼佬，又有解放战争时期的英雄，镶盖山阻击战有两个不怕牺牲，英勇无比的回龙人，他们是恩平人民的骄傲，被市志所记载。新时代又出了"中国好人"彭玉芝，被中央电视台向全国推荐，成为大家学习的好榜样。

新坪村，靠着黄角圩，村中新屋楼房比较多，也有些公共设施，这些年来，通过开采祖上留下的狗头山大片山地的陶瓷泥矿，村中经济得到空前的发展，村民的收入也增加了，但大多数人有了钱就往城里奔，买房置业，缺乏集体经济的理财意识，有钱就分光用光，未能有效发展集体经济，不能更上一层楼，建设新农村后劲不足，对资源的开发利用缺乏科学思维，矿场停业，似乎又回到从前，其中很多经验教训值得总结。

聂村，在那吉圩的西北侧那吉河畔，老村很气派，新房子多建在老村的外围，没什么规划，有点儿凌乱，村民主要为梁姓大族，是从中国历史文化名村歇马村迁徙过来的。村西有一座高高的山头，叫南武岗，从山顶可远眺那吉圩一带，扼守从那吉进黄角清湾一带的要冲，风景美丽。解放战争时期，南武岗上，村民和解放军对国民党打了一场漂亮的伏击战，影响很大。我们应该发扬老区精神，把老区建设好，继承革命传统，争取更大荣誉。

石湾村，它是生我养我的地方，我终生留恋它，深爱它。它也是革命老区村，在那吉圩的东南部，中国温泉之乡金山温泉的下游，地处那吉盆地的中央。这里能朝看日出晚看日落，向西北可与牛塘山八脸岭遥遥相望，风景美丽。右面的那吉河与左面的潭角河在村前汇合，形成"船型"的风水格局，双水夹金，田野宽广，耕作方便，是那吉镇土地连片最多的大村，它是我心中诗的田园。

村中读书人较多，成才不少，但大多外出创业，留守家园的不多。村中图书馆有上百年的历史，破旧不堪，亟待重修，它是村上的灵魂所在。

我最眷恋的还是家乡的土地。我十分喜爱家乡的小河，许多精彩的故事都在河里流淌着，荡漾着。我有许多想法，一时不能说全，像云雾一样缭绕在心中，久久不能消退。现在在乡村居住的人们不多，尤其是青年，他们都进城打工去了，剩下年迈的父母在家耕田，可想而知我们的田园是怎样耕耘播种的，怎样收获的。如果我们关注农民农村的问题力度还是不够，政策又不到位的话，那么土地将很快大片丢荒。想到这里，想到祖祖辈辈耕种的田地，曾经欢乐无比的家园，让我感慨万千。以此为题，我写下了诗集《诗湾摇橹》，诉说了我的乡愁，表达了我对家乡楼巷深深的眷恋。

我的确舍不得我的家乡，舍不得家乡的小河。我儿时家乡的小河，河水清澈且泛着涟漪，鱼虾甚丰。但是河道年久失修，一遇上洪水便毁及田园。一次，上级部门带着水利专家来找我了解河道状况与建设，我便一五一十地向他们反映了情况，还叫来村中兄弟多人一起拨开荆棘草丛，细致地查勘河床，做好分析，争取得到有关部门的支持，希望有关部门能拨出专项资金，为家乡修筑河堤，可以预见家乡水利的变化带来美丽乡村的发展。

我到处走到处看，到处找人聊天，目的是了解乡村的现状，加深乡情，力所能及地为父老乡亲做好代言人。我的工作是没有报酬的，我与村民如果有利益关系，那就是他们给过我无限多的爱，我现在只能更爱他们。我向有关部门反映情况，分析问题总比乡亲们深刻一些，解决问题的方向也会明确些，办法会多一些，因为我在机关单位退休，熟人多一点，当然，我不是拉关系走后门，我只是把乡亲的想法告诉大家，共商建设家乡的大事，讲好家乡的故事。

有干部问我怎样才能做好农村工作，我坦诚地说，我们关心农民兄弟，首先要做到不与民争食，不伤害他们的感情，不损害他们的利益。他听了非常感动，从不与民争食这句话作为切入点，分析政府部门与农民农村的工作关系，领会好党的政策，推进美丽乡村建设。

为了家乡，我的确有点闲不住，为了弄清镇上的森林资源和土地资源，我常常到山上去，到地里去，到河边去。我也是快七十岁的人了，但我还是很热爱家乡的山水，于是我便率领一帮年轻人攀登双尖峰。我们发现大人山南坡由于保护得好，生态环境非常优美，海拔500多米的地方吊钟花开得非常灿烂，山涧长满中草药，发展林下经济大有可为。由于山林茂密，天很快黑了，还下起了雨，我们下山有点困难，那天我们差点迷了路，当下到山脚已经将近晚上7点了。

这几年间，我几乎徒步走完了全镇98个大大小小的村落，攀登过大大小小的山岭，爬过深深浅浅的山坑，有的是对家乡美丽山水的热爱，有的是挥之不去的乡愁，有的是说不尽的心里话，有的是琢磨，有的是期盼，常常夜不能寐。

　　我写完本文，已经是太阳初升，我禁不住老泪纵横，我的心在哭泣，我奋斗了一辈子，对家乡却是无能为力，只好下跪，深深作揖。

天露湖畔

昌宁村村景

春耕插秧

春江水暖鸭先知

访问河尾村

七星坑山水

东坑小九寨

牧归

那西村鸟瞰

谷场

山村的秋天

山稔花开

石头村新居

石头村门楼

思乡

夏天雨后的新屋村

洗菜姑娘（袁林英提供）

乡愁故事

石头村，那一段马蹄声碎的栈道

人们告诉我，那吉云礼村是一个经典的石头村。村外有一条石头栈道沿着山沟蜿蜒而去，连通着那吉与阳江。

看上去，栈道不宽，有的地方横面一米多，有的地方更宽阔一点，路边长满荆棘杂草，露出的石头让人看到路正通往深山老林。一步一步踏在凹凸不平的石头上，感觉诗和远方就在此地。

我很惊讶地俯下身子，用手抹去落叶泥土，露出那碗状的浅坑。虽然是光滑的小小浅坑，但岩石的坚硬不是一朝一夕就能被人马踏出来的。不需太多的描述，眼前这栈道就是一道亮丽的风景线，远去的岁月在这里一碗一碗装着，一碗一碗地向前铺排着，让我想象着一群一群骡马驮着山货走向山外，又驮着山外的货物走回村中。这栈道被多少人马踏过，经历过多少岁月，才让这脚印把艰难生存的希望藏起来，历久弥新，今天到未来更充满诗情画意。

我沿着一条鹅卵石铺设的村道走进了名声在外的石头村。

眼前的一切都让我感慨万千，所到之处都与石头有关，石头屋一间接着一间，鳞次栉比，它们静静地卧在巷道两边，木门腐朽了，歪倒在一旁，许多瓦盖再也扛不住风雨，塌落地上，一片破碎狼藉，有些残垣断壁，看起来还很坚固，墙头草枯黄了，它还是昂着头，屹立原地，那些完好的石头墙上早已青苔斑驳，有些石缝里还长出小树，有的还长成大树，像个艺术塑像，盘根错节，包裹着每一个人工砌筑的石头，把人工的故事变成了自然的故事，显然墙不倒树也不倒，精美的地方就使人浮想联翩。

因为石头巷道高低不平，不小心脚就踩在石缝里，而且要提防身边有瓦墙塌下来，所以我小心翼翼地走着，脚步有点沉重，目光所到之处也与沧桑的景物交织成一片凝重。没有一间房屋有人住，他们早已迁徙出去了，要不就是发财后进城买房居住了。老祖宗创立的家园就这样交给了历史，交回自然。

我继续在这村子蹒跚踱步，在先人走过无数遍的村道上徜徉着，很想知道这里发生的故事。一棵大榕树下坐着一位七八十岁模样的老人。我与他打过招呼，问他是不是当地人，他说是，今天从城里回村看看。我就直接跟老人交谈起来，老人见我态度热情，也没有什么戒心，就单刀直入说起了村史。

云礼村有600多年的历史了，立村者叫黎思文，又名黎毛早。这里森林茂密，土地肥沃，祖先修筑了许多方便耕种的梯田，山货丰富，谷物薯类多多，从前这里的人们靠山吃山，过日子还是很丰足滋润的。如果没有从山上下来的老虎骚扰，人们的生活还是安稳的。

那时村上的人口也不少，每当黄昏来临，石头的门楼就安放企龙，拉闸关村，以防老虎猛兽，巷头巷尾也有闸门，一座建筑严密的石头村，就算老虎也望而却步。

可就当村子兴旺发达的时候，来了许多打家劫舍的贼人，一时间风声鹤唳，草木皆兵。无端飞来横祸，村民奋起反抗，战事激烈，但终究抵挡不住有备而来的贼人，死伤不少，然后逃的逃散的散，村中被洗劫一空。在村民将要被赶尽杀绝之时，有一家人慌忙逃跑时掉下了一个婴儿，碰巧从阳江来村走亲戚的马氏姑婆知道了，慌忙提起裙子裹住婴儿，贼人不杀外人，放过了马氏姑婆，婴儿得救了。马氏姑婆裙罩黎的故事就这样世世代代流传开了。

后来，这大难不死的孩子是吃狗奶长大的，他慢慢地成长起来，开枝散叶，云礼村又再次香火鼎盛，经过上百年的重建，又成为一个美丽富饶的村庄。这里的村民至今不吃狗肉，对狗这个朋友是很尊重的。在这榕树荫下，听着发生在这里的故事，再回望村中，心里泛起了酸涩的滋味。现在，我们的社会繁荣富强，人们生活富裕安康，根本没有贼人洗劫，为什么满村子的人都举家迁徙出去？或许是因为住久了，乡村比城市落后了，生活不便了，背井离乡成了自愿的事情，成为向往更美好的开始。

但是，我想几百年的村庄就这样人走村空？留恋它只是心事，再没有踏上石头村道的脚印？我相信，远行的人们终有一天会回来的，村中一定会再次繁荣昌盛，美丽富饶。有诗人说过，离开家乡才认识家乡。石头村的人们也是这样吧。

我与老人分别了，慢慢地走过那石头的小桥，踏上那几百年前石头铺成的栈道，内心深处又响起那嘚嘚的马蹄声。

（本文作者：卢梅珍）

为那一缕乡愁，卓尔不凡成境界

虽然做人要立大志做大事，但要以每一件不起眼的小事作为"石锲"，人生的大厦才能建筑起来。

——题记

那西城围村是那吉镇的历史文化名村，坐落在牛塘山和八脸岭前面，虽然是山村，但是格局开阔，可远眺大人山。仙人塞海建"皇城"的故事就与城围村有关，这是古代城围村人的智慧。村子的创立留下动人的城围传说，村中一直人才辈出，这里还是解放战争时期的革命老区。

当年，村民组织起来，男女老少都积极参与为解放军缝军鞋军帽，支援祖国的解放战争，响应政府号召，把村后的大树砍下，自发送到阳江造船，支援解放海南岛战役，英雄事迹可歌可泣。

其中何卓一家都是支前的模范，那时他还是个英俊少年，参加革命成为通讯员，虽然家境贫寒，但父母不仅拿出自己的房屋，还把所有的粮食拿出来接济游击队。这样的英模村，到了中华人民共和国成立后，在社会主义农村建设高潮中，不断涌现有出息的建设人才，其中不乏佼佼者。

20世纪50年代末，何卓被派到恩平最大的锦江水库工地，带领本镇的青年民工参加锦江水库大坝的建设，他作为共青团的领导，身先士卒，团结带领大家巧干大干，很快成为全县青年学习的好榜样。1958年，何卓被选为杰出代表参加湛江的广东青年工作会议，受到陶铸、陈郁等中央和省领导人的接见。后来他的队伍又被派往京广铁路湖南段修筑铁路。无论被派到哪里，他的工作都是十分出色的。他做一行爱一行，成为创新攻关的尖兵。过了两年，家乡成立建筑队，他又被召回担任建筑队的主要领导。

何卓从小喜欢琢磨河里的石头，目睹村人把石头搬回村建房子，他深感兴趣，总在一旁揣摩，那么大的石头一个一个地垒起来，一道大墙却端正笔直，他实在搞不懂，想来想去，便向建筑师傅问个究竟。建筑师傅看看他却是笑笑不语，然后用锤子砸开一些碎石片，故意拿起来往空中抛起来，接着将它往石头缝中插，搁在墙上的大石就安然不动了，慢慢墙就筑起来了。他也照葫芦画瓢，果然他也能砌墙了，于是他高兴得不得了。他心想，虽然做人要立大志做大事，但也要以每一件不起眼的小事作为"石锲"，人生的大厦才能建筑起来。我们要成长为栋梁之材更需要不分贵贱不分职务大小，团结一致才能做出成就。建筑学徒这一课真让他收获颇丰，"石锲"垒墙的故事深刻地影响了他的一生。

何卓的年轻时代，靠着自身的人生觉悟和对生活对工作的热爱，建立起人生的理念，凭着一身建筑技艺和果敢智慧脱颖而出，成为享誉八方的建筑师，很快成了那吉建筑队的主要领导，他一生勤奋，努力工作，热爱家乡的一草一木，所有的汗水流在家乡的建筑工地上。他特别爱护青年一代，被他提携成长的青年人不计其数，他对工作精益求精，追求工匠精神，如他看准要培养一个人才，自己亲自从实践中出题考试，一把鲁班尺，一把水平尺，一个线秤砣，被他玩得出神入化，跟他的学徒青年没有一个不被严格训练，没有一个不能独当一面，所以当年他的建筑队水平和工程质量都是一流的，享誉全省。

20世纪70年代，恩平第二建筑公司以何卓领导的那吉建筑队为核心，何卓已经被大家称为"卓叔"，卓叔抓住改革开放的时机，不断创新，组织了近千人的工程队开进了广州市，承建广东省总工会八层高的综合楼，他和他的工程队一举成名。当时我国的高楼大厦不多，高层建筑举国没有经验，所以有亲友劝他不要轻举妄动，弄不好是要吃大亏的。何卓冷静下来后，和工程队设计人员日夜论证，细心设计，然后他天天拿着图纸顶着烈日，和工人一起在工地扎铁、拌水泥，做实验、做分析，然后加强管理，精心施工，使每个工程进展顺利，质量过硬，受到各方的肯定和表扬。因此，许多热爱建筑的青年奔他而来，个个都成长为有出息的建筑师，都跟着卓叔走南闯北，为祖国建设做出贡献。他们转战深圳、珠海、肇庆、东莞等大城市，成为一支令人称羡的队伍，不但为恩平培养了众多的建筑人才，也让许多家庭因而发家致富，过上幸福生活。

卓叔率领工程队在广州华工开展基建的时候，他感觉自己迎来了一个机会，要使自己不断进步，让思想和技术都适应时代的要求，就要活到老学到老，他一有空闲就自觉学习，让自己跟上世界的建筑潮流，他不但自学，还到大学课堂旁听。后来他还鼓励自己的孩子何东凡考取华工建筑系。当何东凡大学毕业后，卓叔便鼓励他到艰苦的工地去锻炼，但必须有大胸怀大格局，胸怀祖国，放眼世界，要不断学习，形成新思维新理念，经过时代大潮的洗礼，东凡已经初具影响力，成为一个独领风骚的城市建设担纲人，名扬珠海，饮誉四方。

孩子有出息了，卓叔也从工作岗位退下来，但他对儿孙的要求更高更严格，对邻里更加宽容。虽然子孙不能经常在身边，但是家人互相关心互相爱护，儿孙在外必须更加努力工作，必须更加谦虚谨慎，低调生活，严格自律，清正廉明，这是对祖先的忠诚，对父母最大的孝，同时学有所成，不论家境是否殷实，都要报效家乡，一定要懂得对父老乡亲感恩。

他父子俩对家乡感情很深，可谓同心同德建设家乡的父子兵，父倡子随。最近，卓叔更是以85岁高龄奔走在家乡的道路上，孩子东凡也响应父亲对家乡村场进行全新布局设计，突出了石头村的文化魅力，更让人敬佩的是，他们父子带头捐款几百万元，筑村场，修鱼塘，铺设乡道、巷道，建村中文史馆、图书馆，呕心沥血，大事小事都亲自处理妥当。为建设家乡尽心尽力，成了十里八乡的楷模。

在家乡建设上，父子俩非常大方，但在日常生活中，他和家人都是十分节俭，穿戴整齐却很朴素，与邻里和睦相处，为人谦恭低调，从不提及自己对社会的贡献，真是越卓越越甘居平凡品德高尚，因而大家更尊敬他，学习他。

在父母的影响教育下，何东凡从小爱学习爱劳动，孝敬父母，兄友弟恭，团结村人，为人谦虚谨慎，凡事顾大局，踏踏实实，多为乡邻服务，多做好事。他们夫妇知书识礼，对自己要求非常严格，身体力行，还要求自己的孩子从小努力学习，孝敬老人，尊敬师长，每次从城里休息回家，夫妇放下行李就带着孩子去拜会家中老人，为他们洗洗涮涮，做这做那，看望左邻右舍，了解大家的生活。回到村上，总要四处看看，将大事小情记在心上，想着有朝一日主动报效家乡。在何东凡的心里，离开家乡，更认识家乡，自己成长起来，成功了，就要为建设美丽家乡献计献策，好事不论大小，都积极参与，不为名利，只为热爱家乡的那份感情。受人滴水之恩当以涌泉相报，他的行为也带动了村上青年默默地为家乡做出贡献。村中青年都行动起来，为家乡建设添砖加瓦，有一分热发一分光。村中杰出青年何就源在外努力打拼，从一个打工仔开始成长起来，在姑爷的帮助下，努力学习和钻研业务管理，最终成为一个公司的领军人物。他也非常热爱家乡，启发年轻人，带动年轻人，为家乡的发展，献上智慧和力量。

为一缕乡愁，卓尔不凡成境界，卓叔父子做到了。

附：城围村"美丽乡村"项目简介

城围村是一个革命老区村，位于那吉镇的西面，距离圩镇2.5千米，该村属丘陵山区，背靠牛塘山。

在抗日战争及解放战争时期，村民英勇无畏，积极投身革命运动，成为全县支持中共游击队开展武装斗争的一面旗帜。如今，在党的十九大建设美丽乡村的强劲东风推动下，在那吉镇政府和各部门的领导支持下，本村乡贤起带头作用，全体内外乡亲改变思想观念，热心公益事业，踊跃捐款筹集资金用于振兴美丽乡村工程。

目前，累计已投入资金500多万元人民币，对本村进行了规划和建设策划，完成村场水泥硬底化改造、新建篮球场，为休闲广场增设一批健身器材，并设置停车位。整治水塘环境，并增设步行径，大力种花植树，绿化美化周边环境，对村围面房屋墙壁进行美化装饰，将村北空地建成生态小公园。

在恩平市老促会支持下重建城围村图书馆，本图书馆用石头建造，外形新颖别致，其建筑风格省内外少见，得到多方的肯定，游客大加赞赏，丰富了村民的文化生活。

全体村民始终传承革命老区精神，不断为建设社会主义新农村努力奋斗，如今本村面貌焕然一新，村场和巷道，房前屋后美化设计令人称奇，其独具文化内涵的风景线，成为闻名遐迩的红色旅游景点，吸引八方游客。

龙的传奇与精神

　　那吉镇回龙村，位于那吉镇西南部的黄角峒，是一个山区老村庄。该村背靠恩平第一峰珠环山脉，毗邻七星坑原始森林，东西有黄角河日夜奔流，四面环山，人杰地灵，民风淳朴。

　　这个偏远山村，近300年来上演着一幕幕故事，彰显着敬宗睦族的情怀。龙的传人：由禾地巷到回龙。据村谱所载，该村立村之初原是李、谭两姓和谐共居的村落，村名为"禾地巷"。清道光中期（约1836年），谭姓迁至今大槐石坳村定居，该村遂成一姓一村，并因在风水上有后山"横龙下龙"，便易名为"回龙"，沿用至今。

　　又据老族谱所载，回龙李氏出自甘肃陇西，是唐朝西平郡王李晟一脉，其裔李栋（号任堂）在宋靖康年间（1126年）由江西吉水入粤，南迁广州高第里，再迁新会，几易住址。其长子李侃（号直卿）于南宋建炎年间（1127—1130年）定居新会云步（另二子分别居开平大冈与台山筋竹坑，均为大族）开枝散叶，所成村庄有"九龙八鹤"之誉称，世称李氏侃派或侃公子裔。至明朝，侃裔十世祖迁恩平清湾，距今约600年。到清朝康熙初年（约1665年），十五世祖荣集、荣臻兄弟由清湾村迁居黄角峒涖朗村定居，而荣臻公之孙、十七世祖英振公于清雍正年间（约1727年）自涖朗迁到一溪之隔的禾地巷（即回龙）居住，英振公是回龙村李氏开基祖。故回龙村各家各户的祖先牌位上，皆有"陇西堂"3字，而"回龙"村名，同样有不忘新会云步故地，又慎终追远之意。

　　龙的传奇：在民国时期革命游击队的据点在回龙村，回龙村属清湾所辖，而清湾一带山高林密，盗匪丛生，盗匪劫村的事常有发生，但回龙村却从未发生过这种事。究其原因：一是不论抗日战争时期还是解放战争时期，革命队伍都将回龙村当成据点；二是村民极为团结。据村中老人回忆，回龙是清湾峒大村、大族。人口众多，购有枪支，成立青壮年护村队，队员高大威猛，有不怕死的精神，很"烂打"，所以盗匪途经回龙时，往往绕道而过。曾有一次，盗匪人马在黄昏时分途经回龙，村中一青年在山岗上看见后，来不及回村报信，就抓起一条扁担作机枪状，一边大呼一边跃过几个大草丛，然后埋伏在山坡上。盗匪一见，以为早就有准备，就呼啦一声转头离开了。

村中老人说，更重要的是，在不同的时期，革命队伍常夜扎回龙，将回龙当作游击队的一个常驻据点，而且有多名青年参加了革命队伍，在享誉恩平的镬盖山战斗中，就有两名回龙村子弟，一位是机枪手李万福，另一位是参加过抗美援朝作战的李志仔。他们的战斗故事，被写进了恩平革命历史，其中在镬盖山战斗一章中有详细记载。

龙的精神：龙的形象是不断地开拓进取，是进取的形象，能上九天，能潜深渊，朝气蓬勃，奋发进取。回龙人，也有着龙的进取精神。经过近300年的繁衍生息，回龙村目前已有300多户、人口1250多人。其中，还有村民外迁立村发展，形成恩城高沥村、大田镇胜利村、新塘村和那吉镇龙新村，足迹遍及各地，可谓人丁兴旺，枝繁叶茂。回龙村村民极为重视文化教育，民国时就有多个私塾老师外出教学。新中国成立后，特别是改革开放40多年来，更是人才辈出，现有超过150人有大专和大专以上学历，有在职副科级及以上干部12人。

2015年至今，回龙村不断有莘莘学子参加全国高考。高考成绩优异，考取的大学包括中央美术学院、中山大学、星海音乐学院、汕头大学、吉林大学、沈阳航空大学、广东医学院、五邑大学等，大有长江后浪推前浪，世上新人胜旧人之势。一个偏远山村人才辈出，轰动恩平大地。

那吉民宿与文宿之我见

锁住乡愁，还不如放飞乡愁。

——题记

我记得从前的家乡，村子很大，村东村西有古色古香的闸阁，老房子青砖黑瓦，上下各家各户都连通，巷道铺着扁平的石头，四周砌着高高的围墙，村后东西各有一座碉楼，后面是郁郁葱葱的森林、阳桃、牛面果、香樟树、榕树、簕竹……数不尽的参天古树。白鹤、鹩哥、崖鹰、麻雀、斑鸠，满森林地歌唱，令人神往。

乡亲们的生活也丰富多彩，每月都过节，过春节特别美好，贴春联，揽挂盅，小孩穿新衣，长者发红包，串门，去村来村，舞狮摆武档，一个字：爽。

在平常的生活中，圩日晚最让我记忆犹新。平时每顿饭都很简单，不是粥就是饭，酸菜，青菜拌食，真的是粗茶淡饭，没什么肥腻油香，但是到了镇上圩日趁圩那一天，父母会在集市上买回猪脚和六味药材，给孩子们炖汤吃。那汤真香，那香气会溢出家门，飘到巷子里，让邻里闻着味道，都馋嘴得很。现在家里煲汤已经很平常了，感觉没那种香味了。

那时候，亲戚们到了节日或是什么喜庆日子，都会去村里串门的。记得表伯来看望我们，我们可开心了。他会带来一些他家的特产，比如榄角、番薯干、豆豉，有时还有山猪肉。

由于路途较远，表伯来我家探望我们都是住一夜，第二天才回去。晚上与我们同房子睡，我是小孩子，自然是父亲安排我和表伯同床，他自己睡，我躺在一旁不敢乱动，静静地听父亲和表伯拉家常，感觉他们拉着家常很开心，一直到深夜，我听到两个大人的鼻鼾声了，第二天醒来，我都不知道怎么睡着的。

那时我们村里还住着从佛山来的知青，他们都是刚刚中学毕业就被安排下乡到我们村里插队劳动的，他们也像农民一样劳动赚工分，年底得到一点分红。他们分散住在乡亲们家里，也有几个集中在队部住，分男女宿舍。那时由于那些知识青年进驻我村，使我们的生产和生活生动活泼了许多。

我想我们村里的民宿就是这样的。

只是那些故事慢慢失传了，后辈又有多少年轻人会种地，会犁耙，打柴火，烧瓦窑，讲童谣，猜谜语，讲古，社戏，蒸糍粑，煮三滚粥，圩日晚呢？我的身体还硬朗，记忆还在，那些民俗故事，我会传播，讲给后辈们听。

乡愁似乎也随风而去，剩下的是土地上的生长。

民宿是一种文化，一种乡村文化，是老百姓自己的文化，它是当地人们有史以来形成的生活方式和生产方式的集中反映，体现在他们特有的家居环境和村落环境，体现在他们耕种的土地上，一句话，他们的家园承载着他们祖祖辈辈对生命的热爱，对生活的追求。

现在文旅意义上的"民宿"，只是一个模仿过去乡村的生活和劳作的场景，一个没有装上乡愁的空壳，里面没有真实的生活习俗，没有乡村的故事，文化味道很淡，总让人觉得有点牵强附会。当然，时代的进步也不是说让"民宿"回归从前落后的时代，回归贫穷与寒酸。随着城市化进程的加快，乡村慢慢地发生着变化，青壮人口流向城市，只剩下那些不愿离乡的老人还在坚守着那经年失修的破烂房子。其实农村是一个广阔的天地，在那里是可以大有作为的。

所以，乡愁的涌动在民宿的故事中起了推波助澜的作用，迅速演变成一个具有社会正能量的文旅概念。许多投资者也灵机一动切入民宿的开发与经营。因为思考的深度仍然不够，准备不足，贸然滥用概念，民宿在一些人的做法中变成了一个唯利是图的伪概念，偏离了民宿的文化本源，经营起来只是个噱头，达不到应有的社会效果和文旅效益。

窃以为，那吉从生态环境到历史文化沉淀，在全域旅游的时代发展中，对于推动当地的社会主义新农村建设、发展文旅经济的效益是可观的。囿于篇幅，本文未能展开论述，只提出一些简易的思考，抛砖引玉。

首先中国天然氧吧、中国避寒宜居地、中国森林小镇和中国温泉之乡的品牌内涵是值得做主题深挖的，不应该浪费这个国家级定义，不要只将其看作一种荣耀，要深入考量其蕴藏的资源力量。

民宿这个概念是很触动乡愁神经的，其牵动的乡土文化性、城乡人民的思想情感，还有时代的发展脉搏，我们都要高度重视，但在做法上必须返璞归真地引领出民宿的"文宿"特征。文宿内涵指的不只是文旅经济的发展，不能在现实或历史的民宿包围中"卖花姑娘插竹叶"，做出一些不伦不类的房子与庭院，让人一时好奇，并无真实的内容。在这里，我觉得我们切入民宿的发展，应该是一个社会总体的规划，它包括乡村生产方式与生活方式、历史传承与发展，如此乡村建设的文化性才能突出其美化性。乡村繁荣美丽了，有文化了，我们的缕缕乡愁才有归宿，然后才能推动特色文旅经济的发展。

所以在我们家乡的民宿发展中，要做到规划先行，文化先行，老百姓的真实生活先行，乡村美丽建设先行，让民宿升华到文宿，我们的文旅经济就会迎来最美时光。

一"锅"仙霞雾霭的乡愁

温泉不只是为了单一地洗泡澡，泡腻了，风景就没了。

抱住一个品牌，抱住不变的观念，也只有抱住落后。

—— 题记

退休了，许多城里的老朋友见不到我，问我去哪了。我说躲城，回乡下了。还有人鼓动我，趁有能力去旅游呀，我说我镇上的村子还未游遍，对于北京人来说，我们这里就是诗和远方，我待在乡下不是更美？当然我也出去过，但是兜来转去，还是回到家乡。亲人和熟人朋友带着我到外地的景区或城乡去观光，去品尝美食，我总是容易厌倦，就算勉强跟队，也是为了陪伴，但还是家乡的山水让我留恋，最让我有灵感的还是家乡的土地，家乡的小河，小河上的"热水锅"。

我童年开始懂事，但总是不能明白，长长的小河，为什么只是这地方有"热水锅"？老奶奶曾经告诉我，是地下有个老婆婆抱来柴火把小河里的水烧开了，是真的吗？老奶奶或者也是从她的老奶奶那里听说的，又再把故事传给我，逗我一乐。我读了大学之后，终于懂了，不是地下有老婆婆烧热小河里的水。我知道，这是地壳薄弱的断裂带，地热顺着往地表冒，遇上了地表水，地表水就自然被"烧热"了。"热水锅"不是到处都有的，我家乡的温泉号称"天下第二泉"，是国家的避寒宜居地，我们拥有它，享受着它，这是一种自然的恩赐。来此旅游的人们络绎不绝。我从小在这里长大，对"热水锅"可没有太多的奢望，也会觉得一"锅"仙霞雾霭诗情画意，想象多了，澡也洗多了，感觉日趋平淡，身在福中不知福也是这个道理吧。倒是远方的人们花上一笔钱，拖男带女奔这一"锅"热水而来。

天下第二泉？谁都知道它的意思，有广告作用，也就是一种经营者的自信，或许这就是一种文化带来的爽？其实，这锅热水也真的"有料到"（有两下子），经测量它富含各种微量元素，硫黄特别丰富，远远就让人闻到了气味，大家因广告，相信这"锅"热水有杀菌消毒的作用，所以奔这里来就图那温暖避寒，体验那康养的价值。其实有多大作用，谁也不清楚，泡过温泉身体除了污垢被洗去了，我想应该没有多大的物理变化，身体里的化学反应还是不容易看出来，最直观的是那一个个胴体浸泡个够后，出浴上岸，可见到女的脸蛋红扑扑，粉嫩粉嫩的还带点儿油亮，男的浑身通红，各自更衣，换了心情，这钱不就花得值了。只是还有人嘀咕门票有点贵，我觉得也是。

那时候，在家乡这"热水锅"洗浴是免费的，也没有人管理的，早晚都热气腾腾，人在里面沐浴，互相看不清对方的脸，朦朦胧胧只看到人影，凭着平时对环境的熟悉，人们都很自然地洗自己的澡，一边舒服着一边说笑话，那影影绰绰就像雾霭里的神仙。那时泡温泉还有一个爽节目，那就是洗浴之前，把从家里拿来的鸡蛋和鸭蛋泡在泉眼处，过不了多久，蛋就会熟了，可以剥开吃了。我发觉鸡蛋和鸭蛋的熟法不一样，鸡蛋和在家煮的没有两样，鸭蛋却是蛋黄熟透凝固了，蛋清怎么也不会结实，这事儿到现在我还是觉得好奇。

我的童年，冬春的许多傍晚，我经常跟着大人们到村子旁边的"热水锅"洗浴。来河边洗澡的大多是男人们，如果有女人出现，她们也是三五成群避开男人的目光，远远躲在下游林子边的石头堆里，互不干扰，这已经形成沐浴温泉的习惯，可现在不同了，开发成旅游区，还是大地煮水，人们却不分男女老少，男泳裤女泳衣同池同浴同戏水。

每当进入这时尚的文明温泉康养，我总是回想起那一次次的野外温泉浴，男人们不分大小，赤裸裸，小孩服从命令给大人擦背，大人追逐水里的小孩，一"锅"天真无邪，一"锅未"变凉过的风景，现在很难想象。

我一边泡温泉一边思绪万千，我们镇上没有工业，以农业耕种水稻为主，

20世纪80年代，温泉开发出来了，本镇成了旅游镇，单这一"锅"热水就左右了当地的经济收入，得益的人们自然开心。记得那时听人说，广东温泉开发最早是从化温泉，再就是我们镇上了，谁知道不多久全省各地温泉开发如雨后春笋，我们曾经独领风骚于一时的"热水锅"，四面楚歌，别的温泉作为后起之秀，无论品质、服务设施（包括场景创设）和管理，都比我们先进。我们落后了，竞争对手多了，我们当年的"高大上"黯然失色了，那种温泉旅游热度渐渐冷了下去。温泉开发与我们镇上财政收入相关，曾经旅游兴旺的年头，镇上收入颇丰，老板自然赚得盆满钵满。

我们曾经以本地温泉旅游业为荣，几十年过去，到现在我们那"热水锅"仍在，水质没变，水温没变，依然那么晶莹温暖，泡在里面还是那么舒服，还是雾霭神仙。但老顾客和新顾客奔别的地方去了。

家乡的小河还是缓缓地向东流去，"热水锅"的早晚还是雾气腾腾。这里给了我们许多思考，怎样保住"天下第二泉"的美誉？我想一定不要只保住它，那个牌匾虽然光彩夺目于一时，但终会褪色。抱住一个品牌，抱住不变的观念，也只有抱住落后。

人们对风景的向往，是因为历久弥新，我们要把"热水锅"烧开新的意境，温泉不只是为了单一地洗浸泡，泡腻了，风景就没了，落后了就要被淘汰。我觉得开发温泉不要单纯为了泡泡，它还有许多作用，它还能产生更多的项目，比如育种、发电、医疗，更深层次的康养，更有文化的风景构建，有更爽的文旅体验。

那吉温泉风光无限好，这一天为期不远。

第三章

红旗飘飘那吉镇

弘扬英烈精神　赓续红色血脉

5月的一天，火辣辣的太阳把我们家乡的山山水水晒得万绿丛中鲜花盛开，这是山稔花开的时节，我又一次来到清湾革命老区纪念碑园凭吊革命先烈。整个碑园占地面积1000平方米，园内种有木棉花等花草树木，庄严肃穆。

清湾革命老区纪念碑园落成已有多年，园内纪念碑历经风雨显得更加庄严肃穆，令人景仰。一条长廊作为背景，镶嵌着一块清湾革命根据地地图，醒目地刻有《清湾革命老区碑记》。

我凝重地注视着地图上的小红旗，默默地读着碑文上每一个闪光的文字，禁不住伸出手来轻轻地触摸那催人奋进的碑墙，思绪飞向那战火纷飞的岁月，追寻根据地的每一串革命者的足迹。

清湾地处恩平西部的锦江河上游，原辖清湾、沙岗、黄角、岑洞等乡村，面积272平方千米，原为乡级行政区划，后来与那吉镇合并。

早在土地革命战争时期，共产党人就在这山坑旮旯的沙岗、岑洞等地发动群众建立农会。抗日战争期间这偏僻的山区已经成为革命根据地。在党的领导下，新兴、恩平、两阳、台山等地，以清湾地区为依托，成为抗日后方根据地。所部一团，从清湾开赴恩龙（广湛）公路大槐顶伏击日军，歼敌30余人。解放战争时期，中共恩平、粤中的地方组织及其领导的革命武装，与清湾地区人民建立了鱼水关系。既为清湾人民根据地活动提供了有力保障，也为南下大军追歼国民党向南溃逃的残军，解放恩平、阳江、阳春等地作了大力支援。清湾人民为新中国的建立做出了卓越贡献。中华人民共和国成立后，清湾人民响应政府建设锦江水库和水电站的号召，离开家园，外迁别处，这种无私奉献的精神，值得后人学习与弘扬。

我伫立水库岸边，心情久久不能平静。四周原始森林茂密，上有蓝天白云，下有一望无际的水面，许多水鸟在云水之间飞来飞去。

中华人民共和国成立后，在清湾老区境内兴建的锦江水库是广东十大水库之一。我站在革命老区碑园前，望向水平如镜的锦江水库，心情久久不能平静，很难想象淹没在水库底下的清湾圩就是革命先辈长期战斗和驻扎的地方，就在这水底下无声无息地躺着昔日那块红色的革命根据地。为了国家建水库，这里的人民又一次做出巨大牺牲，抛弃了祖祖辈辈赖以生存的家园，无怨无悔地迁徙他乡，这就是我们清湾革命根据地的模样。

我凝视着水面远飞的鸥鸟，想起了毛主席的语录："无数革命先烈为了人民的利益牺牲了他们的生命，使我们每个活着的人想起他们就心里难过，难道我们还有什么个人利益不能牺牲，还有什么错误不能抛弃吗？"

此刻我浑身热血沸腾，碑文上字字珠玑，让我读懂了"党有指示，虽死不辞"的忠贞不渝，读懂了"未惜头颅新故国，甘将热血沃中华"的以身许国，读懂了"祖国如有难，汝应作前锋"的铁血担当，读懂了"心中装着全体人民，唯独没有他自己"的无私奉献，从而更加深刻地认识到红色政权来之不易、新中国来之不易、中国特色社会主义来之不易。作为新时代中国革命的建设者，我们始终以先辈先烈为镜，不忘初心，走好脚下路，开辟未来路。

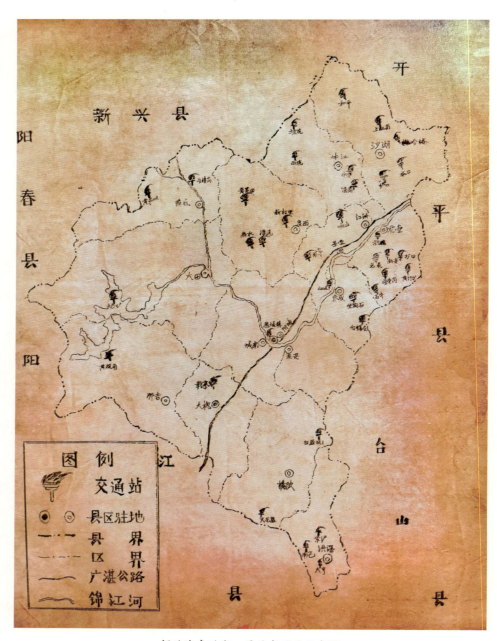

解放战争时期，恩平交通站示意图

上下图南路东征部队在司令员区初率领下挺进恩平，开展武装斗争。

摘自《恩平市革命老区发展简史》

冯燊（前一）在恩平参加革命活动。摘自《恩平老区革命发展简史》

粤中纵队四位领导人在战地合影。分别为：司令员吴有恒（左二），政委冯燊（左三），
副司令员区初（右一），副政委谢创（左一）。摘自《恩平市革命老区发展简史》

清湾革命老区碑园

清湾，革命烽火映恩州

清湾革命老区与广东珠三角唯一一块原始森林七星坑自然保护区连成一体。

曾经烽火岁月，如今一镜平湖。位于恩平七星坑省级自然保护区管理处附近的清湾革命老区碑园，记载着这里曾经的革命岁月。当年，碑园落成时，郑锦波老将军在现场老泪纵横，这里是他当年和战友们战斗过的地方。清湾革命老区见证了恩平革命的烽火岁月，留下了郑锦波、冯燊、吴有恒等一批五邑地区革命前辈的足迹。

红色土地　绿色瑰宝

这是一片红色的土地，也是一块绿色的瑰宝，清湾革命老区是珠三角地区最大的水库——锦江水库所在地，是革命先辈曾长期驻扎和战斗的地方。秀丽的风景和丰富的红色历史，给清湾这片土地增添了神奇而美丽的色彩。

清湾原为恩平市乡级行政区划，地处县域西部边陲的深山腹地，与阳春、阳江接壤，原清湾河（如今已成锦江水库）由西向东横贯全乡。清湾地域辽阔，四周隘口险阻，村落众多，回旋之地较广，是粤中、恩平著名的革命老区，被称为恩平的"小井冈山"。

当年，清湾位于锦江上游，物产丰富，是鱼米之乡。20世纪60年代末，因修建锦江水库，清湾的多数村落被淹没，村民都搬走了。

站在清湾革命老区碑园旁，望向水平如镜的锦江水库，难以想象，淹没在水库底下的清湾圩就是革命先辈长期战斗和驻扎的地方。

清湾革命老区碑园于2010年落成，园内建有纪念碑左右各两处，还有一条长廊，长廊中间刻有《清湾革命老区碑记》，两旁则刻上了当年在清湾进行游击战争的部分军、师、团级领导的简介，长廊内还有清湾的地图。整个碑园占地面积1000平方米，园内种有木棉花等花草树木，庄严肃穆。

重要的革命根据地

抗日战争时期，中国共产党组建广东人民抗日解放军，其主力部队第一团在该军司令员梁鸿钧、政治委员罗范群、参谋长谢立全、政治部主任刘田夫、中共广东省临委委员连贯的率领下，挺进恩平、新兴等地，开展一系列抗日游击活动，清湾就是根据地之一。

解放战争时期，中共粤中副特派员郑锦波、粤桂边部队东征支队司令员欧初、粤中纵队司令员吴有恒、政委冯燊等先后来到清湾，组织领导武装斗争。清湾人民在中国共产党的领导下，粉碎了敌人的扫荡，使清湾成为五邑地区稳固的解放区。

1945年3月，根据形势需要，广东人民抗日解放军司令部在清湾圩宣布成立广东人民抗日解放军第五团（恩平部队），这是恩平人民武装发展史的一个里程碑。在中共恩平地方组织的领导下，恩平人民武装队伍在革命斗争中得到锻炼和考验，在不到一年的时间里，不断发展壮大，由数十人的护耕队，发展成为一支有一定战斗力的团队，为日后的战斗及解放战争时期开展武装斗争打下了坚实基础。

解放战争开始后，中国共产党于1947年恢复广东公开的武装斗争。当年8月，郑锦波来到清湾芦圹村，召集原来在恩平、新兴、台山等地隐蔽活动的武装负责人开会，要求原抗日解放军的复员人员归队，迅速壮大武装队伍。1949年8月以后，清湾人民配合南下大军和粤中纵队，追歼国民党向南溃逃的残军，为解放恩平、阳江、阳春等地提供支援。

中华人民共和国成立后，为支持锦江水库和水电站建设，大力支持江门经济社会发展，清湾革命老区人民服从国家水利建设需要，外迁别处。锦江水库于1972年9月建成，集雨面积达362平方千米，蓄水量达4.75亿立方米，水库灌溉农田面积达8600多公顷，惠及恩平大田、圣堂、大槐等多镇的群众。

红色历史应被永远铭记

清湾是恩平历史悠久的革命老区之一。早在大革命时期，这里就有农会组织活动。清湾农会曾组织会员参加攻打恩城的农民武装起义。抗日战争时期，清湾是广东人民抗日解放军的根据地，人民军队与清湾群众建立了鱼水情谊关系。解放战争时期，这里更是恩平党组织和粤中人民武装革命斗争的可靠地域。清湾的人民群众为革命事业的胜利做出了重大贡献，这个粤中人民革命的红色地应该被永远铭记。

走进聂村，触摸老区壮丽的画卷

　　早已想为革命老区聂村记录下一些革命战斗故事。经过多次联系，我们找到了在恩城一个小区屋村做门卫的梁洛明，人们都尊称他为洛哥，当地的村民曾经告诉我，找到洛哥，就知道聂村的革命故事了，他读书不多，初中未毕业，但他一辈子都在整理写作聂村的所见所闻，特别是聂村作为革命老区的点点滴滴。

　　我们在小区门卫的小屋里见到了洛哥，他黑黑瘦瘦，有70多岁的样子。刚一见面，没有寒暄，洛哥就滔滔不绝地说开了。屋子只有两三平方米那么大，我们一共四人在交谈，没有凳子坐着，都站在那里。洛哥一边说故事一边拿出几沓厚厚的文稿，看上去纸面都发黄了。

　　"你们拿回去再看，整理传播哦，我也老了，这些故事还压箱底就没用了，作为一个革命老区，故事可能会丢失了，但革命精神不能丢失。"洛哥说话的语气很是铿锵有力，望着我们眼里流露出无限的期盼。"我也工作忙，不会说话，不会接待你们，大概我一辈子的想法，也是许多村人的想法都不会实现了，不如你们还是直接到我们村上看看吧。"他很留恋地把他积累的有关聂村的文稿捧到我的面前，庄重地放到我手上。

　　早上十点多钟，天色阴沉如铅，看样子快要下雨了。好多年前已经知道聂村是革命老区，有很多红色故事被人们传颂。车在飞奔，我在后排座翻阅着洛哥未能出版发表的文稿，心正飞向远方。我感慨这位老人的毅力，感慨他对家乡革命老区的执着，他好像不将村中的革命故事传出去，儿孙们没有传承先烈的光荣革命传统就死不瞑目。他整理的历史资料这么多，可以单独出版一本书了，内容太珍贵了。我想，如果村中的老人换代了，一个个离世后，没有文字或影像记录，先辈们打江山，浴血奋战的壮丽画卷就消失了。我们必须紧急抢救出来，以告慰英烈。

我很喜欢洛哥文稿中的两首诗，禁不住脱口念了起来：

村前村后榕枫樟，城堡村里旗飘扬。

二支开辟根据地，军民团结意志壮。

人民想念共产党，期盼早日得解放。

七月山稔满山岗，十月稻穗一片黄。

聂村人民有觉悟，拥军支前工作忙。

军民团结打敌人，众志成城雄心壮。

我朗读着，心想这就是革命老区当年的写照吧。我心情澎湃，思绪万千。不多久，车停在聂村村口了。我刚一下车，呈现在眼前的山河走势让我感觉这村子很美。此时早已联系过的村中老人景哥热情招呼了我们，见我才到村里就赞美村上风景，他反应十分敏捷，马上连接上我的思维。他说我们家乡真的很美，你看这前朱雀后玄武，左青龙右白虎，小河流过村前，一个虎形村落，风水格局多完美。我环视着点头称是，他继续指点着说，右面那白虎山就是英雄鲜血浸染的地方，著名的南武岗阻击战就在那里发生。我放眼望去，只见山上绿树葱茏，风景优美。英雄们离开了，高高的山岗仍在，我心里掠过了当年的战场硝烟。

在景哥的指引下，我了解到这里过去是一个古堡式的旧村子，村民早已经把新房子建在外围了。这里自然成了纪念地，村东村西两个残旧的闸阁还傲然挺立着，那高高的围墙还断断续续环抱着村中那一幢幢破旧的老瓦屋，不见了当年的袅袅炊烟，只见墙头上爬满了青藤，迎着这春天的气息盛开着朵朵小黄花。我眼前，每一条巷道，每一间老屋都隐藏着许多故事，只是那还带着枪眼的残垣断壁永远在述说着当年乒乒乓乓的枪声。

我看到前面矗立着两层高的大楼，是村上刚拆旧建起来的，这里从前是游击队的指挥部。为了不能忘却的记忆，村民集资兴建起这座大楼，房子由水泥钢筋砌筑，非常牢固，像一座巍峨的大山。景哥有点激动地说，这里打算作为革命老区文史馆，布展当年的英雄事迹和文物，让子孙后代不忘初心，永远跟党走。他继续对我们坦诚地说，虽然现在的年轻人往城市去了，留在村中的人不那么多了，但他相信很快会兴旺发达起来的。因为镇上已经和村民商量了，做好了规划，不久这村子作为革命老区纪念地，定会成为崭新的文明村。旧貌换新颜，一定会让人竖起大拇指。

景哥又带我们去看了一口老井，我相信这井里一定贮满了游击战士的故事，贮满了村人世世代代的酸甜苦辣和梦想，最让我不禁朗读起来的是井台旁边的一副镶嵌在墙壁上的对联：

吃水不忘毛主席，

翻身不忘共产党。

这就是老区人民的真实想法，感情是那样的淳朴，那样的忠诚。

此时，巷子里有几个老人在溜达着，很是悠闲。我把这天的聂村之行记录下来，作为一组村民描写革命老区家乡文章的引子。

致敬，英雄的南武岗

——一个启明星连战士的回忆

　　南武岗以及后侧面的佛仔迳，是那吉与黄角的分界线，是那吉入黄角的一道屏障。而聂村坐落在南武岗东侧，是粤中纵队启明星连队和武工队的根据地。1949年夏天，共产党领导的地方部队，时刻关注着败退南逃妄想入桂联手桂军做垂死挣扎的国民党军的动向。驻扎在聂村的游击队，更是做好了战斗的动员，吩咐群众收拾好行李细软，一听到警报就沿着南武岗后侧的大坑撤往黄角、清湾一带。而村上的民兵把平时买来护村的20多支长枪、驳壳枪和四门"荷炮"擦拭好，昼夜放哨巡逻，提高警惕。

　　这天，轮到逢叔和光叔值班。他俩登上村东高高的大岗桥山顶瞭望。不多久，看到那篷岭顶有大批人在移动。再仔细看，是荷枪实弹穿着国民党军服的军人，黑压压的大概200人向那吉走来。通讯员传回消息，说是国民党保二师所部来犯了，他们要经过南武岗进入清湾转向广西方向。

　　他俩急忙放倒一棵作为暗号的大树。村上的值班民兵看到山上约定的消息树倒了，知道敌人来了，立即打响锣鼓通知村上的群众迅速转移。民兵们集中起来，他们带上武器，分两路登上南武岗顶集结，开挖战壕，坚守阵地，配合解放军游击队阻击来犯之敌。

　　不久，经过那吉圩稍事停顿的敌军，已出发穿过响水洞、乌头冲村，向马蒂塘、石陂、夹水湾一带扫荡过来。顿时枪声大作，正在向深山撤离的群众急忙赶路。前面有菠菇丛和簕竹挡着，路很难走。这时，前面有人勇敢地用麻袋包住头，从菠菇荆棘丛钻了过去，带领其他人继续朝前冲，子弹在头顶乱飞，战斗一触即发。

而在南武岗担负阻击任务的启明星连、武工队和民兵分队共有一百多名战士，他们利用原先挖好的战壕，摆开战斗架势。见到敌人一步一步爬上来，战机出现了，战士们猛烈向敌人开枪，发起战斗。一时间枪声大作，火光冲天，这就把敌人的火力吸引过来，掩护全村的群众安全转移到深山老林。

战斗激烈展开，敌军用机枪扫射，战壕前的草皮沙石被掀起又落下，战壕里硝烟弥漫。一位新参加战斗的年轻民兵吓得腿都软了，哆嗦着牙关咬得咯吱响。这一幕被游击队长看到了，他指示说："看来你还没见过实战，赶快给后方送信吧。"队长很快躲在战壕里，一边给上级写信，一边指挥战斗。子弹在他身旁雨水般射过。但他镇定自若。作战信写好，此时那位民兵反而勇敢起来，迅速把信向后方总部送去。经过激烈交火，敌人只能在猪鬷山一带迂回，未损南武岗主峰一丝一毫。直到天黑，敌人不得不撤离战场。

第二天，敌人又集结向南武岗进攻，这次战斗打得更加激烈，但守护山顶的战士更有经验更勇敢杀敌了，一连打退敌人的多次进攻。

到了第三天晚上，来犯的敌人狡猾起来，集结前进不动声色，趁夜色摸近战壕偷袭，但猛然被战士发现，勇敢的战士毫不畏惧，一次又一次把敌人的进攻打垮。

几十天坚守，敌人跨不过南武岗山口半步。附近那庄坑村的群众也主动送饭送水，支援解放军部队的战斗。夏天的南武岗顶，南风阵阵，满岭的山稔等野果红了又紫，还有油甘、山恼、九泡、布渣等，这些野果正好给战士们摘来充饥。而山顶侧边有一口泉水井，人们称为"仙井"，据说是很早以前神仙挖的，专门救济急需的人。战士们趁战斗的空当去打水饮用，多清甜！巍巍南武岗，养活过多少乡民和战士。

最后那天，大批的敌军又开始向南武岗进攻。村中民兵抬出还未使用过的看家武器——四门"荷炮"，由20多个游击战士扛上南武岗山顶。荷炮架设起来，马上装上火药，但因炮台台基不稳，无法瞄准敌人。这时一个身材魁梧的战士自告奋勇冲过来，伏在地上，用自己的身体垫起炮身。炮手瞄准猪嫲山夹水湾一带的敌人，敲锤点火。一锤，不响，二锤，不响，三锤下来，"轰"的一声，山摇地动，正打中夹水湾一带。见打中了敌军，战士们欢腾雀跃。敌人慌忙抢救伤员，拿出一圈圈白布给伤员包扎，然后急忙撤退。

我们的战斗胜利了，晚霞像血一般映红了英雄的南武岗。

（本文作者：梁景文）

聂村的红色春坎

　　我举家住在城里已经有30多年了,父亲一直在我身边与我一起生活。我一直以为父亲过得很好,很开心的,因为不愁喝不愁穿的。谁知父亲总是念叨要回老家,这已经好多次了。我心里想人老了就爱念叨什么的,我为顺着父亲的心事说了家乡老屋经年没修已经倒塌,以后积蓄多一点回去修葺。他见我工作又忙,每每沉默起来,我也疏忽大意了,未能理解他的情绪。

　　有一天,他终于跟我说起我爷爷当年在家里集粮舂米的传奇事情。他说家乡房屋是要修的,若修时要保护好屋里那个春坎。我村也不止一个春坎,许多人家都有,都应该保护起来,那些春坎是传家宝。原来老父亲念叨的是这事,这不奇妙?我也想起儿时帮母亲春米的事情,那春坎是石头凿成的,十分坚硬,即使水淋日晒也不会烂掉的,怎么需要好好保护?

　　又过了一些日子,父亲又详细地跟我说着一个与春坎有关的动人故事。那是解放战争时期,我村迎来了一支解放军部队,他们驻扎在村后的黄尾洒。黄尾洒地势险要,山高林密,可攻可守。部队刚刚来到,后勤补给未跟上,第一件事就是到周边村庄筹粮。黄尾洒附近只有3个村庄,分别是聂村、东坑和马王冲。东坑、马王冲都是小村子,人口较少,要筹得粮食就靠我们聂村了。

　　我们村有一支民间八音队,专门为远近的村民做红白二事的仪式,其实是党的秘密武工队,还到处宣传革命思想,十分活跃。他们知道要为解放军部队筹集粮食,二话没说就在村里发动群众捐献粮食,村民得知这个消息后,纷纷表示要坚决支持。因为他们知道,解放军在前线浴血奋战,是为解放和保护老百姓的。村中还从君培祖偿里拨出2000多斤稻谷支援解放军,谷子筹集到了，也不算是小数字，但必须舂成白米才能用来煮饭。在游击队的保护下，我爷爷首先把房子腾出来堆放谷子，还把舂坎擦干净，马上磨谷舂米。那些八音队成员在我家进进出出，把稻谷分别抬到各家各户，在他们身先士卒的带领下，村民马上行动起来。为了让部队尽快开饭，大家分工合作，男女老幼全部上阵。一时间，各家各户呈现出一派忙碌景象，好在我们村是一座古堡式村落，周围又是大山环绕，尽管村中热火朝天，村外也全然不知。人们三五一组，磨谷的磨谷，舂米的舂米，筛糠的筛糠，装米的装米，人人都忙得汗流浃背。这一刻，听不到人语却听到捣米声，此起彼伏响成一片，那是一道多么亮丽的风景线，那交响乐般的声音是一个时代动人心弦的旋律。让我们世世代代欣赏它，歌唱它。

2000多斤白花花的大米被连夜加工出来。在游击队的统一安排和带领下，八音队又集合30多个男青年拿着火把，挑着大米连夜送到黄尾洒解放军部队驻地，部队人员收到大米后，对我们村老百姓表示万分感谢，同时开出收条。这次捐粮行动迅速，这是我们村的村民以实际行动支持革命的一次壮举，体现出深厚的军民鱼水情。

我带着父亲回到村中，他见到了家里的那个舂坎，乐呵呵地笑了，他说又仿佛听到了当年的舂米声。

大家都盛赞我们村的舂坎是红舂坎，它盛装着聂村之春秋。

（本文作者：梁伯儒）

高塘村，光荣的革命老区村

　　高塘村后枕大人山，山高林密，峰峦叠嶂，连绵沟壑深坑，是当年方便游击队神出鬼没的天然屏障。新中国成立前夕，游击队以高塘村为根据地，集散于此地，活动于那吉山乡，打击地方土豪民团，迎接解放军的到来。高塘村具有光荣历史，熠熠生辉，村民不曾忘记。

　　高塘村是游击队常驻地。在远处山头良洞顶布下岗哨瞭望，游击队员就在村中休整住宿多日而撤退，村中穷人主动为游击队送米送菜送柴，担水做饭。

　　游击队发动群众，宣传群众。高塘村多名热血青年受到教育影响，先后参加了游击队，成为游击队的队员，勇敢参加战斗，活跃在山乡村野。两名村姑（谭秀巧、梁管女）成为游击队的通讯员和炊事员，她们为游击队联络串联，做后勤。苦大仇深的穷人，是逼上梁山的好汉。一天傍晚，国民党匪军破门入屋抢掠，激怒了谭连才，他抄起门角一条大企笼，与匪军拼打，追赶匪兵至村外，谭连才扔下企笼，直往后山走去，钻进高山密林，找到了游击队，加入他们的队伍。谭林也是热血青年，坚决参加游击队，他与谭连才一起佩着手枪，带着游击队回村中，做宣传发动工作，为游击队打前哨。经过艰苦的战斗锻炼，谭连才成长为游击队干部，新中国成立后，忠诚为党工作，离休后生活在佛山，他不忘初心，没忘记高塘是他革命征程第一步，常回故乡探望父老乡亲。

　　高塘村可歌可泣的革命事迹，感动后人。谭鸿森的母亲（吴顺女），是游击队的地下联络员，她和丈夫以做生意作为掩护，暗地里为游击队做事，购买药品，给游击队藏东西。因内奸告密，一天寒冬深夜，国民党匪军突然包围袭击，搜出吴顺女替游击队藏的东西，严刑逼问，要她供出游击队的情况。两岁的小儿在地上乱爬，她心疼，但咬住牙关，一声不吭。敌人恼羞成怒，把她拖去河滩荒地枪杀了，一尸两命（肚中怀有未出生的婴儿），多么悲惨壮烈，让我们向英雄的母亲致敬。

高塘的革命史迹，感召后人，但因年月久远，历经风雨，尘封蒙垢，被人遗忘，更被人误解曲传。虽先烈永逝，但英灵魂存，后辈应尊重史实，缅怀高塘的革命前辈，为他们镌刻讴歌，承前启后，扬正扶弱，让烈士精神永载史册。让尘封的革命史重放光彩。让蕴含的悲恸化为力量，无愧革命先辈。

世事千秋，江山巨变，山乡风云，翻卷莫测。而今越事近百年，沧桑人间谁主沉浮？堪回首，后浪早已推前浪。高塘不再残灯暗淡，莫迟疑，一代风骚谁书写？春风已到老山村，欲创文明树新风，蓝图描绘美可赞，规划村貌换新容，万事俱备欠东风，上级惠民多恩赐，群策同力可挽澜，先辈壮烈为家国，讴歌仍需奋向前，后辈凝聚家乡情，但得明珠耀山乡，美丽高塘喜空前，笑逐颜开鲜花艳。

（本文作者：谭希杰）

黎明前的风雨灯

　　在恩平那吉老区高塘山村，传颂着一个关于一盏可歌可泣的风雨灯的故事，这是一个真实的革命故事，它从我家大伯（谭宗伦，下同）大婶（吴顺女，下同）的身上放射出不灭的光芒，永远照耀着我们的心灵，激励我们永远跟党走。

　　大伯家中，有一盏古老的风雨灯，四片镜片围成正方体，灯顶是五角形的尖塔。建屋搬家，更新换代的东西很多，扔掉的不少，但这盏风雨灯总是留着，一直珍藏下来，是因为它蕴含着大伯心中永不泯灭的情怀。

　　中华人民共和国成立前夕，垂死挣扎的国民党匪军，疯狂袭击游击队的联络点。一天深夜，从山上下来三名游击队员，聚在大伯家这秘密联络点商量重要事情。门外不远处，大婶正站在寒风中，留意着周围的动静。突然一声狗吠，引得全村狗叫，已听出远处"咚咚"杂乱的脚步声呼啸而来，大婶毫不犹豫，急转身往家里冲，走近窗口，急速拍打遮挡灯光的木板，屋内灯光戛然熄灭，大伯镇定地带着游击队员迅速撤离，隐蔽在后山树林中那秘密的小山洞。

　　大婶刚关好门，敌人已冲到她家门口，显然是有人里通外敌，才如此凶猛迅速。深巷中轰响起狂吼叫骂声，大门被踢撞开，匪军一冲而进，气势汹汹地用刺刀挑翻衣物，用枪托砸碎锅罐。满脸横肉的匪军头目怒目圆睁，看着桌上那火星弥尽、热气未消的风雨灯，恶狠狠地说："人刚走！快追！"他喝令大婶点亮灯，带他们追捕游击队。

　　大婶凝望着灯光，思潮翻涌，想起在这风雨灯下，游击队员曾给村中穷人讲革命道理，教大家唱："你是灯塔，照耀着黎明前的海洋，伟大的中国共产党，你就是舵手，你就是方向……"她想起两个月前，自己提着灯照着路，丈夫顶着寒风冷雨，从崎岖山岭上背回受伤的游击队员，夫妻俩乘着夜色，在深坑荒野挖草药，赶紧给伤员敷伤……

如今，面对敌人威逼，她提起的灯似千斤重，大婶冷静地沉思着，带去哪里都可以，但决不能带敌人去游击队隐蔽的地方。敌人喝令大婶向村外走，在通向山上的路中，狡猾的匪首喝令大婶停下，改道向河滩走去，匪军尝过游击队神出鬼没的厉害，更何况正当漆黑的深夜，怕走进游击队的埋伏圈。

夜，黑沉沉，刺骨寒风凄厉地吼叫，小河两岸疏落的树丫，冷清清站着，望去像黝黑的鬼影。大婶提着灯，灯光如利剑一路扫去，赶走簇簇鬼影，射向身后那群匪兵，照着他们畏缩哆嗦的怪相。大婶知道天快亮了，周围特别黑，路特别难走。在河滩上，大婶被喝令站住，那匪首抢过风雨灯，往大婶脸上来回地照，伸出手掌顺着大婶的脸颊往下摸，发出狰狞淫荡的笑："真可惜，年纪轻轻。"大婶猛一挥手夺回灯，扬起胳膊对准匪首的头狠狠打过去，匪首恼羞成怒，举起手枪对准大婶，"砰，砰"几声尖厉枪响，划破漆黑的夜空，大婶倒在血泊中，那盏风雨灯依然被她紧紧握在手里。她死得很惨，一尸两命，一个快见人间光明的孩儿和他的母亲被残杀在黎明前的河畔。

天亮了，大伯在河沿寻得他妻子，抱着她，一步一滴血泪，悲痛地向山岗走去……大伯掩埋好妻子，把风雨灯挂在坟前小树上，让她看着光明世界的到来。

中华人民共和国成立后，人民政府把大婶的坟修整，墓旁栽上松柏，墓前立了一块碑，碑上刻上大婶的英雄事迹和牺牲的年月。那盏风雨灯一直被大伯珍藏着，它犹如一尊历史文物，记载了黎明前的血雨腥风，记载了老区人民的铁骨忠魂。

血啼杜鹃红满山，悲壮泣歌动乡间。一个平凡而伟大的英名永远镌刻在人民心中，英雄，永垂不朽！

（本文作者：谭希杰）

手持剪刀干革命

那吉镇城围村是个革命老区，在白色恐怖年代，该村人民不畏强暴，积极投身革命运动，是恩平境内支持游击战争的一面旗帜。

1946—1949年，城围村游击活动非常活跃，大批热血青年参加游击队，随后参加人民解放军。

正当革命队伍不断壮大，各种军需物资需要迫切之时，垂死挣扎的反动势力，加强对革命人民的疯狂迫害。只要被反动派抓到把柄，就有杀头之虞。何英赞竟在黎明前最黑暗的时候，不顾个人安危，从事一项紧迫的革命工作，他拿起剪刀，剪出一段辉煌的人生路！

何英赞小时候聪明能干，父亲把他送到恩城学裁缝，学成之后，在恩城从事制衣工作。他手脚勤快，深得老板器重。本来凭借裁缝这门手艺，他可以衣食无忧。但他深明大义，为了砸烂旧世界，为了更多人过上好日子，何英赞冒着灭家、灭族、灭村的风险，回到家乡帮助游击队做军服军帽，他夜以继日地手持剪刀，脚踏缝纫机，为解放军赶制出1300余套军服军帽，他的义举，深受陈沙浪首长的高度赞扬！

战争的烽烟早已消散，但城围村的红色印记永远烙在村民心中，何英赞的革命故事依然广为流传。

（本文作者：吴灿盼）

牛岗山的仰望

　　我在恩平历史博物馆参观时，在一个展柜前，我看到了我的家乡那吉牛岗山出土的原始人使用过的石斧、石锛等工具，如果不是考古工作者的发现，我怎么也不相信，牛岗山那座矮小浑圆的小山包还有如此重大的珍藏。这也佐证了家乡的历史悠久，也曾是不同凡响的地方。那吉镇革命烈士墓就坐落在这里。

　　清明节很快到了，我怀着恭敬的心情登上牛岗山给先烈献花。从那吉镇政府出发，一路上穿过村道，绕过一口池塘，踏着田埂，来到了牛岗山前。那里路口夹道生长着几棵两人合抱不过来的荔枝树，树干苍劲挺拔，婆娑掩映。献花的路拾级而上，两旁松树参天，使这座浑圆饱满的山岗显得崇高可敬，蓝天之下英灵在上，我举目仰望。

　　烈士墓修在山顶，一个半圆状的墓地，向南张开拥抱未来的臂膀，墓墙高耸，墙基坚固，一块花岗岩石板刻着"革命烈士之墓"贴牢在墓墙上，整个园区简洁干净，大方庄严，周围树木葱茏，花卉美艳。我肃立跟前，心里默唱着国歌：起来不愿做奴隶的人们，把我们的血肉筑成我们新的长城……雄壮的歌声让我的灵魂如苍鹰展翅飞翔。

　　从前，每当人们提起牛岗山革命烈士墓，就会听到许多革命烈士的故事。抗日战争时期，中共恩平县委的所在地就设立在那吉小学，同时第一个党支部也成立了，在党的领导下秘密开展地下革命工作。清湾成了抗日战争革命根据地，革命的军事斗争如火如荼，诞生了许多有名的革命家和战斗指挥员。著名的大槐顶抗日伏击战就是通过革命根据地组织发动的。那时，每逢圩期赶集，那吉圩的大榕树下就成了游击队宣传抗日救国的阵地，许多青年从这里参加革命游击队，为国浴血奋战。

解放战争时期，牛岗山下就成了解放军游击队、武工队跟国民党反动派残余部队反复较量的地方，镇子不大，却战火激烈。在它的附近有一个古村落聂村，它是那吉重要的革命根据地，游击队、武工队驻扎在这里，与村民结下鱼水深情。在村民的全力支援下，解放军启明星连和游击队、武工队100多名战士与700多个敌人展开殊死搏斗，战事持续了20多天，由于我军有广大人民群众的支持，负隅顽抗的敌人终于被消灭，那吉全境很快解放。

小时候，最让我记忆犹新的是这座小山岗的名字，一辈子都印在脑海里，它青松高耸、郁郁葱葱、鲜花盛开，没有被忘却过，也不曾褪色过。记得在读小学的时候，那是清明节，我们排着整齐的队伍，跟着老师来到革命烈士墓前，向革命烈士献上花圈，然后围坐在一起，听战斗英雄讲与敌人英勇战斗的故事。记得当时，只有英雄战士讲故事的声音在山岗久久萦回，全场肃穆，大家都听入迷了。我被那些战斗故事激励着，全身热血沸腾。我永远记得在牛岗山烈士墓前听过的革命烈士故事，最不可以忘怀的是大槐顶抗日伏击战、七星坑革命根据地、聂村南武岗阻击战。那些英勇杀敌的场面，那些村民冒死支前的故事，他们大义凛然，视死如归，不怕牺牲，一心赴国为民的英姿永远矗立在我的面前，他们不朽的精神永远激励着我们为美好的生活而奋斗。

每次来到这里凭吊英烈，我都非常激动。当我淡定下来的时候，再一次细看四周，我发现只有一块墓碑贴在墓墙上，四下寻找，没有更多的文字说明，也未见到烈士的名字。

我惴惴不安地走访了相关单位，后来来到市档案馆，翻阅相关的历史资料。面对卷帙浩繁的历史档案，我和几位同志花了两天工夫，终于在一卷档案中找到了英雄的名字，我长长地舒了一口气，心马上安稳下来。

让我们在此，虔诚地把英雄的名字记录下来，他们是：

梁华广，那吉聂村，1948年5月在金鸡大王山战斗中牺牲。

黎望友（黎荣章），那吉黄榄角村，1948年9月12日被捕就义。

黎新，那吉黄榄角村，清那区武工队员，1948年9月12日被捕牺牲。

梁长德，那吉新村，出生于1888年，清湾沙岗鲤鱼冲交通站站长，1948年9月13日被捕就义。

谭植，那吉向阳村，广阳支队五团红星连战士，1949年7月8日在朗底镶盖山战斗中牺牲。

梁耀南，那吉石湾村，那吉游击队队员，1949年9月在那吉洞仔岭战斗中牺牲。

梁统杰，那吉龙咀里村，广阳支队五团战士，1949年8月在与那田战斗中牺牲。

梁创德，那吉地古田，那吉地区交通员，1949年9月在田口村战斗中牺牲。

黎金积，那吉大朗，那吉地区交通员，1949年8月在聂村战斗中牺牲。

梁添，那吉六独村，志愿军战士，1953年在朝鲜战争中牺牲。

岑润森，那吉新坪村，志愿军战士，1953年在朝鲜战争中牺牲。

黎梅洁，那吉云礼村，解放军战士，1967年在湖南大庸县因公牺牲。

袁长进，那吉高冲坑村，共青团员，1979年1月入伍，同年2月在广西边境自卫反击战中牺牲，追加三等功一次。

仰望牛岗山，让我们永远向英烈致敬，永远向他们学习，不忘初衷，为国争光，为家乡的建设贡献力量。

恩平是广东革命老区之一。全市共有革命老区村庄635个。那吉镇共有老区村114个，都是解放战争时期的老区村，是名副其实的革命老区镇。

那北村委会：聂村、东坑、马皇冲、山界坪、大朗、塘角、黄牛栏、那蓬、响水洞、乌头冲、那吉圩。

那西村委会：上云礼、下云礼、城围、上良皮、下良皮、中间村、新屋、塘碧、儒乐、新平、上朗寸、下朗寸、岭背、那庄坑、新朗、大洞、新村。

黄角村委会：黄榄角、羊栏、水禾田、长塘、水环冲、茅坪、万洞、大陂头、鸭颈、新东、新坪、回龙、上九头、下九头、蓝底、和平、涩朗、新联。

七星塘村委会：热水朗、地古田、七星塘、西冲坑、沙坪、新村、窑口、庙咀、凤凰、上洒、涩洞、山竹朗、竹罗塘。

潭角村委会：平地园、平安、高塘、北后、狮山、那芬、均坪、那彪、增光、狮岗、新队、金盆、潭角、潭洞、石湾、古楼、龙咀里、黄金塘、老虎朗。

大莲村委会：六楼、石湾角、中间坪、莲塘、新村、东岸、南安、向阳、石吉、巷口、稔仔冲、新联、白石塘、上大坪、下大坪村、下朗村、干塘、六独、龙新。

城围村

吉祥那吉

石狗见证

老区村

那吉街道

那吉牛岗山革命烈士墓

聂村古堡枪眼

聂村老区

清湾革命斗争展览之一

清湾革命斗争展览之二

清湾老区遗址

清湾老区遗址

第四章

每一片绿叶都是我们家园的福气

灵山秀水话那吉

那吉是钟灵毓秀之地，风光无限，每一片绿叶都是我们家园的福气。一方山水养一方人，那是一个吉祥美丽的地方，你来吧，她一定会给你美好与快乐，给你幸福与安康。

——题记

那吉镇位于恩平市西南部，分别与阳江、阳春两市接壤，除大莲村委会范围属丘陵，其他地方都以低海拔的山岭为主，是天露山的余脉。海拔1000多米的珠环山是恩平的最高峰，坐落在那吉西北角，其他名山向东依次有观音石、交剪石、仙人大座、三碗饭、昂田螺、三齿耙头、大人山、牛塘山、八脸岭和狗头山，还有著名的七星坑原始森林、交水坑、东坑、马栏坑、云丽坑等都龙盘本镇。

地质结构从邑地露出最古老的地层寒武系八村群开始，慢慢发育而成。石英、花岗岩、辉绿岩、砾石、砂岩均有典型矿藏，地形地貌独特，山涧多有奇石，黄蜡石、白蜡石、猪肉石、鹅卵石声名远播，有色金属丰富，大肚老婆山沟丰藏黄金，陶瓷泥钾长石储量甚大。地热资源丰富，金山温泉属硫磺温泉，号称"天下第二泉"。地形上东北高西南低，低山丘陵广布。

本地气候属亚热带季风气候，降水丰沛，终年温暖湿润，山环水绕，东北为锦江水系，向东流去，源头在七星坑，锦江水库库区相当一部分在那吉境内，西南为那吉河向南流入漠阳江水系，径流不大，流域面积小，森林茂密，丽景处处，一派山河风光令人目不暇接，有诗为证。

灵山秀水风光好，

天然成趣皆是画。

鸟语花香惹人醉，

那吉呈祥天下夸。

（本文作者：卢梅珍）

那吉，回归线上的绿天堂

2007年1月25日，七星坑省级自然保护区经省人民政府批准成立。保护区位于广东珠江三角洲的恩平市境内，北回归线以南。从纬度上看，七星坑原始森林从北回归线穿过，素有回归线上的氧吧之美誉。

同时，七星坑原始森林是恩平市锦江河的发源地，那吉镇与阳春市东部交界，地属恩平市西南山区，距恩城35千米。总面积6800平方千米，核心地带800公顷。七星坑得天独厚的自然条件是山高水秀林密，资源十分丰富，这里有10万亩未开发的古木参天的原始森林，是目前珠江三角洲保存最好的天然森林之一。

七星坑原始森林最高峰七星顶海拔844.5米。七星坑林区为锦江河的发源地，属典型的南亚热带季风性常绿阔叶林，山高水秀林密，风景优美迷人，资源十分丰富。七星坑原始森林是一个天然"绿色宝库"。经过多次考察，证实七星坑森林是珠江三角洲地区保存最好的一片原始次生天然阔叶林，是典型的南亚热带季风性常绿阔叶林。鉴定出的植物种类有730多种，属国家珍稀濒危保护植物和省级保护植物的达10多种，如桫椤、白桂木、红椿木、巴戟、圆籽荷、吊皮锥、野茶树等。同时，还发现了数十种珍贵药材。

七星坑动物种类也相当丰富。经一批动物专家学者多次考察，在七星坑的山涧中，陆续发现了爬行类、两栖类动物25种，七星坑当时是省内发现的第二个圆舌浮蛙分布点，锯腿树蛙、钝头蛇属首次在广东被发现。此外，还发现了珍贵野生鱼类约30种，鸟类约40种，以及种类繁多的昆虫和野生动物活动的迹象。

七星坑原始森林公园一旦开发，在恩平将独树一帜，别具一格。旅游者到七星坑水库旅游不仅可享冬暖夏凉的感受，而且可以使用电船或快艇，像畅游漓江一样观赏两岸的山光水色。进入原始森林，便是动植物的世界。白天，人们可以到指定的地方爬山狩猎，傍晚垂钓，其乐无穷，让人流连忘返。七星坑一年四季都有各种野果可摘。另外，七星坑还盛产石蛤、坑螺、水鱼、山蛇等山珍野物，是一部有趣的教科书。

美丽七星坑，成景成趣天然美，是七星坑原始森林给人们的第一感受。这里的一切全靠大自然的鬼斧神工、风雨洗刷而成，处处体现出幽、野、奇、雄的特点。

七星坑的幽，就幽在森林的幽深，水的幽清。这里的林子密如屏障，似乎要将人们与外界隔绝，偶尔从树杈缝隙间透进的几缕阳光，与未被尘嚣侵扰的乔木、灌木的叶冠，未被人类社会惊吓过的昆虫、鸟儿的鸣叫声，未被现代文明染指的溪涧清流中优美的鱼类所吐动的泡沫和藻类所闪熠的粼光……形成了幽深奥秘的天然境界。

七星坑的野，就野在它的原始、野趣，人迹罕至。这里既有古树名木，又有奇花异草和名贵药材，还有漫山遍野开着小黄花的断肠草，像灯笼一般红透的扁担藤果，一串串葡萄似的木花生等，季相绚丽，姿态万千，色彩缤纷，给七星坑增添了一分野趣。

七星坑的奇，主要集中于它的山涧、峭壁。这里的山涧怪石林立，岩壁陡峭，且常夹以奇花异草，把山谷打扮得别具风韵。在石地塘下游的山涧里，只见被山洪、山泉冲刷成的文字石、木纹石等比比皆是，而且还有不少形似锤子、雄狮、大象、乌龟等的巨大岩石。

七星坑的雄，就雄在它的瀑布飞泉上。七星坑的瀑布主要分布在7条山涧中。其中，腊鸭洒落差近100米，是七星坑落差最大的瀑布，只见清流从崖壁上飞洒下来，那情形真像一块挂起来晒的腊鸭在往下滴油。咚咚潭瀑布因飞流直下50多米，撞击潭水发出"咚咚"巨响而得名，而钓鱼篮瀑布则更为壮观，共分两级，高五六十米，宽10米，当飞流咆哮而下撞击在第二级石层上时，激起巨大的水花，形成漫天的水雾，然后再直泻而下，气势磅礴，若在阳光明媚的日子，景况尤为壮观，那水雾在太阳光的照耀下，闪现出一道七彩长虹。

七星坑山水秀美，实在可爱。

暗绿秀眼鸟

白鹭

白头鹎

豹猫

叉尾太阳鸟

赤红山椒鸟（雌）

翠鸟 鹗

发冠卷尾 凤头蜂鹰

红耳鹎 花面狸

灰胸竹鸡

小鸦鹃

中华穿山甲

野猪

彩鸟蛋

黄兰

金绒莲

流苏贝母兰

香港毛兰

竹叶兰

香港带唇兰

七星坑原始森林珍稀动植物（梁俊杰提供）

天然氧吧，金山银山

进入七星坑自然保护区，你会为这里莽莽苍苍的群山赞不绝口，会为这里的青山绿水和鸟语花香所感动，更加深深地敬佩在这悬崖峭壁不知疲倦地攀登的保护区工作人员，是他们用爱心保护了这片金山银山。

那天上午，我们跟随工作人员驾车进入七星坑自然保护区，经过一段狭窄的水泥路后，车辆驶入泥路，异常颠簸。

到达上冲护林站，站里部分成排的旧建筑已经荒废。这里原来是河排林场的员工宿舍、工场，林场部分商品林移交保护区进行修复后，这里的建筑物就停用了。

随着我们和工作人员逐步深入保护区，真正的探险之旅才正式开始。进入保护区的道路是当年修水电站时所建，为了从原始大山中辟出一条路，施工方花费了不少工夫。道路右侧是裸露的页岩，左侧则是百米深渊，可以遥望山谷底下干涸的河床，对面高耸入云的大山令人望而生畏。幸好这里的植被保护得比较好，根系将岩石紧紧拉住，不然这些松软的页岩很容易塌方。

途中，我们发现河床对面有一棵亭亭如盖的大树。那是美脉杜英，杜英科植物是保护区的优势树种。即将到达水电站时，河床水量逐渐丰沛。身边的管理区负责人指着前面悬崖上长着的一种奇草告诉我们，这是七星坑最近发现的新物种——陈氏异药花。

到达水电站，我们看到，这里溪流清澈，远处大山层层叠叠，近处树影婆娑，小溪中的藻类植物犹如一条条胡须在水中浮动，让人逐渐感受到保护区的神秘感。顺着溪流向上游走去，我们又发现了野猪的踪迹。我经常听人们说野猪对人的攻击性很强，想到野猪在这里出没，不禁毛骨悚然。

近年来，随着国家对野生物种保护力度地不断加大，生态系统的恢复持续加快，这在七星坑自然保护区得到了充分体现。本次探秘的路上，我们还看到了豹猫的粪便。据悉，豹猫、穿山甲等珍稀动物在保护区均有发现，其中，穿山甲是保护区20世纪90年代以来首次发现的。

最后一站，我们又来到水电站的水坝，这里人迹罕至，而树木则郁郁葱葱，置身保护区，真正感受到人类的渺小，对自然的敬畏又增添了几分。

本次探索之旅大家收获甚多，最大的感受是保护区内山高水清，物种丰富，各种珍稀动植物分布甚广。

我们检测到保护区负离子浓度约为9000个/立方厘米，这个数据是相当高的。近年来，随着那吉镇温泉产业的逐步恢复，户外旅游快速发展，生态优势凸显。如何充分利用保护区红利，加强相关产业的布局，带动经济持续发展，值得更多的关注与思考。

全程陪同我们考察的梁俊杰，年逾四十，参加工作以来，一直在管理区工作。他对七星坑自然保护区的工作十分热爱，对这里的一草一木十分熟悉，爱护有加。

他经常进出七星坑自然保护区，已成为这里动植物的老朋友。保护区内的科学考察、红外相机安装、数据回收等工作都离不开他，他清楚记得每一个红外相机的位置。据了解，保护区开展野生动物红外相机监测工作，共布控了红外相机30台。2021年7月，保护区完成红外相机监测第一批数据回收，经过整理和分析，共监测到国家一级保护野生动物中华穿山甲，国家二级保护野生动物豹猫、画眉、褐翅鸦鹃、斑尾鹃鸠、黑冠鹃，国家"三有"（有重要生态、科学、社会价值）保护野生动物野猪、果子狸、鼬獾、虎斑地鸫等，共21种。作为一名资深摄影爱好者，梁俊杰在保护区拍到许多珍稀动植物的照片。有一次，完成工作的梁俊杰在途中发现几只漂亮的小鸟，出于职业的敏感性，他迅速用相机记录下来，经过鉴定，这是国家二级保护野生动物栗喉蜂虎，而且是保护区首次记录到该物种。

梁俊杰保护野生动植物很有心得。他说要进行监察拍照，时机比技术更重要。所以他常常忘记自己的处境，甚至夜以继日地蹲在山崖下，伏在荆棘丛里，不顾蚊叮虫咬，等待心爱的动物出现，等待着自己的心血化为成果。他对大山的热爱，对工作的专注，令人钦佩。除了关注动植物朋友，他还拍摄了保护区的大量山水美景，分享给山外更多的人，激发人们更好地保护环境、保护物种。

近年来，在各级政府的大力保护下，七星坑自然保护区的生态优势进一步凸显，生物多样性保护工作不断取得成效。保护区工作人员和相关农业大学在开展生物多样性野外调查时，发现了盛开着粉色花朵的草本植物。经过多次野外观察和研究，该植物被国际认定为新品种研究成果，并将其命名为陈氏异药花，这是保护区成立以来发现的第一个新物种。

2019年至今，在七星坑自然保护区科学考察和恩平市植物资源补充调查工作中，增加记录了紫荆木（国家二级保护野生植物）、走马胎（省重点保护野生植物）、两广锡兰莲、喙果黑面神、海南崖豆藤、钟花草等植物，使植物物种数量由原来的1053种增加至1250种，极大地丰富了保护区的生物多样性记录。

随着生态环境的不断恢复，七星坑自然保护区物种的多样性不断丰富，是名副其实的金山银山。

（本文作者：吴健争）

七星坑古道深处的脚印

——惊骇原始森林的久远与神秘

　　陷阱是伪装的精灵。人，在进出原始森林的路口，用诡毒的陷阱隔开。我们惊愕，老山民把我们带到他埋下的一把能把几百斤重的山猪置于死地的剪子前说：往前走吧！森林里有路。头也不回就走了。

　　七星坑原始森林，我又一次面对你的神秘，你的恐惧，你的诱惑。望着老山民远离的背影，弯下的腰背，像负重着幽深历史的原始森林古道。老山民抛下我们，我们在危机四伏的原始森林里，用生命的跳跃，行走在一条空中钢丝上，每时每刻都可能会失去生命的平衡，掉进原始森林的深渊里。

　　七星坑原始森林位于珠江三角洲西部的边缘地带，主峰七星顶海拔800多米，离南海海岸线只有30千米之遥。很久以前这里是海洋，成为陆地就是群山，就是森林。这近海高山成长的履历，也只有大海和原始森林的记忆。

　　我走过能置野兽和人于死地的剪子，脊背的凉风骤然而来。老山民说，他曾见过最后一只华南虎在七星坑原始森林被捕获，而又见过一只老山猪被炸药炸掉下巴而带着一窝山猪崽走出原始森林。经人伤害的老山猪，更为凶残和狡诈，它的凶悍和攻击人的勇猛更加残忍。人，为原始森林走出的生命设置绝杀的陷阱，神秘的原始森林，谁知道它的精灵，会为走进原始森林的生命设置什么绝杀的玄机？

　　我是第三次进入七星坑原始森林。一次从山脊登顶七星顶，一次循水而过清浊水潭、棺材潭进入原始森林。而这次从古道进入七星坑原始森林，这条留下古瑶人脚印，也有清末民初贼人留下的血腥和汗臭的七星坑古道，被长出的森林草丛所淹没，使原始森林变得更加神秘。

七星坑古道，原始石块，古人将其排列，被不知年久岁月的藤条枯枝障阻，裸露的石块成为古路基，被败叶苔藓覆盖，在约300米高的山侧隐隐约约往莽林深处伸延……古瑶人踩出的古道，让我们回到了原始，回到我们古人很久很久以前的岁月，让我们与远久的历史相遇。

那些有序的石头是瑶人摆设的吗？七星坑古道，它的远端就在七星坑原始森林的幽深处，这古道的第一行脚印，是瑶民踩出来的吗？或是后来清末民初的山贼走出来的呢？七星坑原始森林把这些记忆，留在深深的历史里。古道送走和见证一个村寨、一个部落在原始森林里消亡走失的神秘历史。

艰难地爬上古道的一座山梁，秋风摩挲着一棵棵高大的枫树。我围着高高的枫树，抬起头，寻找树冠上的红叶。高高的枫树，在秋风里招摇着枝叶，几百年的枫树，也没能见证古瑶人穿行古道的身影呀！而我们随身带的照相机，闪光灯的光亮，与几百年的古枫树照面，古枫树的落叶和扎进深层的根须，是否曾遭遇古瑶人穿行古道的足音？

有了瑶人，才有七星坑古道的出现吗？我对着枫树在想。在古道的远端，春天的原始森林，树木翠绿着天空和山林，高山瑶、过山瑶，在密林里，从一座山，再过一座山，追逐豺狼虎豹。而身着五色彩裙，腰系唐宋铜钱为饰物，头以竹结髻，以花布折鸟翼状，在节日的晚霞中，相迎猎获而归的强悍瑶哥，唱着优美的踢踏歌，男女相牵携而舞，爱者奔岩洞，以树枝示人以表爱恋……在枫叶红了的十月，阳光把七星坑原始森林映成火红之色，古瑶人把原始森林踩出一条通道，在叮咚山泉流水处，脚板把石头打磨得光亮光亮……清澈的泉水映着光滑的石头，在泉水的映动中，石头有了鲜活的表情。我在石头上走动的身躯失去平衡，在惊愕里，七星坑原始森林几千年的沉寂从远处向我走来，使我与原始人相遇，看到他们赤身裸体，从溪水里抓起山坑螺，丢进嘴里，边惊奇地望着我穿着现代文明外衣的后来者边咀嚼着……冥冥中的感觉，在七星坑古道的惊悸行走中闪念，幽灵般从感觉里走来，又在古道的远端消失。后来人让原始人远走。

石凉床，让一丝山泉垂瀑吊在300多米高的半山腰，原始森林这秋的季节，使山溪流水变成一串串晶莹的垂珠，从高空跌落下来，如银发白须，流向大大的水潭，飘下300多米的峭壁。一股凉风从峭壁深处吹来……我躺在一张床大的巨石上，朦胧里冷凉的石头感觉有了体温，来自千百年前瑶人在此群居繁衍生息的体温，丝丝的凉风中能闻到飞禽猛兽憩息过的臊味。石凉床上的灵性，都属于原始森林的霸主，而我们在古道行走，是原始森林的主宰吗？

凉风把身上的疲倦一丝丝地剥落，人的精神在行走中躺下，嗡嗡的蜜蜂和虫鸣……幻想千百年前躺在石凉床的瑶人跟着逝去的岁月一同醒过来，跟我呢喃着七星坑原始森林内外的风风雨雨。

元成宗元贞元年（1295年），南恩瑶盗起。朝廷把瑶民称为盗、贼、蛮。宋初，说瑶民作乱，其后至嘉靖末期，施行"犁其巢穴，种类无遗"的灭族政策，官军大规模镇压5次，朝廷招安3次，并在恩平13处瑶山，46处瑶寨出入要道口，设置15个屯兵营地驻兵戍守。远处的天露山、红嘴山等处的瑶民，弃山离寨，溯锦江河水道，傍大人山侧，穿行大田垌，走入那吉、清湾、沙岗谷地，循入七星坑原始森林，后经两百多年自然同化，瑶民在七星坑原始森林出走、消失……

在石凉床的方石上，我们踩在上面的脚印，是否覆盖着当年瑶人出入七星坑古道时的脚印？我躺在那大石头上，朦胧里我听到瑶民婴儿因饥饿发出的哭喊声，打扰了一份宁静的思绪。

行走七星坑古道，是需要勇气的。我离开家前在门口驻足片刻，妻子偷偷塞入口袋的、不知从佛还是道那里得来的护身符，我感觉到肩上的行囊加重了分量。一次次行走大漠和高山腹地，甚至把自己迷失于黑夜的原始森林里，是远离城市人世间你争我夺的名利和喧闹的噪声，还是沉迷传说中当年雄踞一方的贼王，清末民初在原始森林的贼巢埋下的千百万财宝呢？黔桂十万大山边寨吊脚木楼和雪山村寨姑娘的情歌，在傍晚月光下的情调，这古老的情歌和示爱，撩起的不是欲火，是我们的祖先出现在原始森林、消失在原始森林的神秘过程。

身体在困顿里睡去。在朦胧里，感觉失去了自己的个体生命，成为原始森林飘落的枝叶，成为原始森林古老与新生的无尽生命，感觉思维在和大自然融合，理性随着原始森林的神秘在酣睡里沉淀。躺在石凉床的意志，在再次背起行囊时，筋疲力尽的感觉在消失。

古道在七星坑原始森林里，像一条干枯的没有生命力的血脉。古道在原始森林时现时隐，森林和草丛中保存着古瑶人走过的脚印，在消失的过程中，古道简单了，却更为神秘地成为人类进化过程的密码与天书。古道在原始森林的走向，它存在的每一个位置，都是人类自身存在的思想缘起和在大自然的生命思维的大画写。行走于原始森林古道，是读着千百年历史的教科书。越走进深处，它的昭示更为深奥。在古道上留下第一个脚印的先人，他书写了原始森林这部天书的第一页。他们在没有路的原始森林里，在漫长的岁月里行走，走出一条条的路，成为古道。没有他们千百年的赤脚行走，也没有我们穿着现代文明的鞋子，奔走在原始森林古道啊。

一条残断的，用石块垒起来的墙根，从古道旁侧的草丛中探出头。原始森林中，人类的建筑只有几十厘米高，却让我们的思维驻足和跪拜。我们在古道里行走，遭遇藤蔓缠绕，草木的阻隔，陡峭的困惑，山花的香诱，虫鸣的引听。这穿行的形式与过程，似乎让人在生命的困顿里醒来，领略原始森林的精深与博大。而倒下的大树，一片片在暴风雨中有序倒下的竹林，在深秋的风干里枯死。在原始森林里，我的思绪燃烧起莫名的伤感，觉悟到人类生命在自然界的渺小。断垣墙根在原始森林里人类文明留下痕迹，是什么人留下的呢？在断墙下面是几个层级的开阔地，一棵有着几百年历史的大榕树高高耸起在大森林上，周围有一大片的砂仁，也是有人为种植的迹象，在大丛大丛的竹林里，一个个排着序，由石头石灰垒成的大坑，那是古人用作漂染衣物的作坊……这蓝缸作坊是古道出现的工业文明遗址。我们站在那里，没能说话，像对着岁月在默哀……

　　我们再也听不到穿着蓝衣裙的姑娘隔着山坡，在莽林里唱着情歌。当年这古道留下过土著人、俚人、僚人、瑶人和山民的足音，在他们最后一个人走出这片原始森林时，我想不是哼着歌谣走出的，在走出原始森林的最后一刻，定会将用竹木搭建或是用石头叠垒起的栖息居所推倒而出走，就像他们为保全祖墓，自己铲平祖先的坟头……人类的残忍，不只在对活着的人置于死地，还会对其死去的祖先掘地而起，暴其尸骨……在穿行原始森林古道，我多想遇到一个人，就是死去的，埋在地里的人，就隔着一个世界，和他说几句话……然而，活着的人在原始森林里消失了，死去的人也没有在原始森林里留下坟头……行走在原始森林古道，我们没有遇到一个坟墓。不知道是人类的悲哀还是原始森林的福音……古道在原始森林远端消失，没有路行走，使我在原始森林中产生巨大的恐惧，担心在人为铲平的墓地里走出一个古老原始人，我怎么和他说俚语古话？

　　秋夜的月光在原始森林的上空灌下，9个帐篷在七星坑谷地叫作石地巷（晒场）的地方铺开，在古道上躁动的心情在帐篷里平静了。篝火染红了幽暗的原始森林。感觉伸手就能触摸到天上的星星，我独自一人在原始森林的黑夜里睁着大眼睛，与大自然和同伴站岗放哨，在寂寥里产生巨大的恐惧，在恐惧里，脑海中反复出现如何在黑夜里活着的思考，心跳急剧加快，我望着黑夜里的原始森林，祈盼着天亮。

　　天亮后，我们就要走出用了三天三夜行走的原始森林，回到有妻儿的家，回到有噪声和充满广告牌的市井，回到有纪律条规，有远大目标和插有飘扬红旗的办公室……行走原始森林古道，是我的思维生命走向高远的另一类扎寨……

（本文作者：郑炜强）

每一片绿叶都是我们家园的福气

云是如此的美丽，向我们敞开视野，你甚至看不到视野的尽头，山河是如此的美丽，养育着我们的家园，你应该知道在青山绿水中是多么的幸运，还有幸福。

——题记

家乡的土地是最美的，穿越家乡的森林是最爽的，只有家乡才能使我幸福感满满。

我好欣赏家乡的每一棵草木，好欣赏叶尖上的每一滴露珠，她在早晨的霞光里是那样晶莹璀璨，令人为之精神一振，心情飞扬。儿时，我们到森林里捡柴火、采木耳、挖野菜、摘野果。青少年时，我的目光更没有离开过家乡的森林，我是吮吸着家乡森林的空气长大的，进入森林自觉不自觉抚摸得最多的是林间柔嫩的绿叶，酥酥的感觉特美，劳动累了倚靠最多的是路边高大的树木，绿荫下她让我休憩，给我力量，森林的阳光雨露、鸟语花香给了我许多诗情画意的遐想。退休了，我回到家乡，最依恋的还是山上河边的丛林，那种从青少年时代对森林的爱始终不渝。

护林人的故事

因为有事无事总到森林里去，我认识了许多护林人，他们收入不多，但干劲十足。没有伙伴，一个人背着刀篓，不是攀爬就是四处瞭望，查看每一个旮旯，生怕哪儿冒出半点火星。

林业站站长个子瘦小，黝黑的脸庞，我曾经跟着他去了解山林的情况，他脸上洋溢着一种自豪感，他说做了半辈子这样的工作，没有一个行业外的人要跟他吃苦巡山。他随身带着地图，对镇里的每一片森林，每一座山头的经纬坐标，林木类别，生态林、经济林的分布，属于哪个村委会管辖范围，甚至哪个家庭承包种植多少亩，什么时候批准砍伐，都了如指掌。

阿昌说，吃了这碗饭就是提心吊胆，天塌下来都不怕，就怕什么地方会冒烟，默默无闻无所谓，最担心的是有一股烟儿在田边地里升起，天上的卫星是看得到的，一个护林人的责任太重大了，就是背起一座大山摁灭一点火星。

阿祥住在那西一个山村，人看上去特别老实，有生人跟他说话，他也会闹结巴的，他养的鸭子吃辣椒的，好奇怪呀，他家里周围风景很美，空闲在家里时，外面有人慕名而来，他会以农家乐招待，来的人都吃他做的辣椒鸭，一顿从来没谁能吃上的美食，不只风味独特，而且对健康有益，他说对肠胃特别好，对风湿患者有食疗作用。快过年了，我要去探望一下这个护林人，还要品尝他的辣椒鸭农家乐。可是当来到他家的时候，见不着人，拨了十几次电话都不通，最后一次通了，我说快过年了你在哪，他说他在护林防火值班点，等巡完这趟山就回来贴春联。我内心肃然起敬，还能说什么呢？有这样的护林人，我们的江山才安稳，我们的草木才繁荣。出于敬重，我们几人立即动手生火，为这顿辣椒鸭年夜饭做准备。

最让人感动的是驻扎在狗头山顶的阿林叔，只有一个人，都没有一只狗陪伴，整天不说一句话，白天看日出日落，夜晚懒得数星星，只能听风呼啸，有时遇上台风，也真是胆战心惊。自己在山脚把油盐柴米挑到山顶，自己做饭自己吃，因为水要从山下弄来，不能天天冲凉洗衣服，那间只有几平方米的小屋是他栖身的地方，但门外视线所到的地方都是他的责任，瞭望，瞭望，还是瞭望，最担心的是有山火险情，最开心的是每一天都平安无事。

牛塘山不高但风景秀丽，故事很多，许多远方的人慕名而来。一次我和江还有两个当地的好友从黄榄角方向登山，山路并不崎岖，一路上我们还讲着故事一步步往上走，快到山顶，江指着前面山坳说："这里藏着无限的财富，分布着许多野生茶树，有的比八角碗口还粗，不知哪个年代长起来的，茶叶是天然的，很名贵。"此刻江见到有人偷野茶树的痕迹，二话没说就给镇长打电话，报告这样的事情，说需要加强对这片野生茶山林的保护。江这个义务护林人做得真好，人人都这样，我们的河山就更加太平，更加美好。

有一次，我和镇上的一个干部要经过东坑森林检查站去一个水电站附近查看生态林养护情况。在检查站的栏杆前，我们停下来，护林员一字一句说得很有力，为了防火安全，任何人不得入山。我看了看身边的干部，他笑笑。我说这是镇干部，管你们的，我们进山是为了工作。护林员看着我们说，我没听说过，这是我的责任，放你们进入，我会掉饭碗的，除非有镇办公室的来电。干部很开心地拨了电话，不一会检查站的电话响了，护林员对我们说，这电话显示的是镇办公室的电话呢。只见护栏林员放下电话，脸红起来大声说不好意思，多谢领导来指导工作。干部对他竖起大拇指，我们兴高采烈进山去了。

照看每一片绿叶的村长

其实我们山村的人们很重视村中的"风水林"，一般"风水林"都是原始生态林，具有物种多样性特征，世代郁郁葱葱，护佑着村里人们的安宁。

人们对老祖宗留下的森林树木很是敬畏，没有人敢随意砍伐，自然保护得很好。

高塘村的护林故事很是让人感动，过去村里后山的森林曾经有人乱砍滥伐，选出的新村长要制止这事情。村长暗暗调查这事，发现家族里有亲人砍了一根小树去赶牛。村长十分气愤，立马在村场公布了这件事，并给予重罚，从此村民乱砍滥伐树木的现象得到有效的制止，上百年过去了，村中的林木毫发无损，一派欣欣向荣的繁茂景象。

村长说，每一片绿叶都是我们家园的福气！

的确，爱家乡就要从一草一木出发，这是我们的传统美德。如果这种美德消失了，很难想象我们家园会变成什么样子。敬畏它们，尊重它们，保护它们，才有我们的未来。

护林人的凝望

小河淌水

水瓮树老茶王

沙河小景

凤凰花开那西美

水瓮树果熟了

云丽山谷生态林

清湾采育场的前世今生

清湾不仅是重要的革命老区，而且是国家的重要林区。在山头路边，见得最多的四个大字：封山育林，这是一道特别显眼的风景线，那是当年我们山区的生产特征。

20世纪70年代初，我刚高中毕业回到村里就被派到七星坑的交水坑，它是清湾采育场的一部分，从全县各公社派来上万青年男女，全部是强壮的劳动力，以公社为单位负责山头，成立公社采育场，所有的采育场合起来就叫清湾采育场。

年轻人在山沟安营扎寨，吃饱饭就是开荒炼山，时不时还有战鼓擂响鼓舞士气，那时的任务是封起山来，育林造林。

山林里昼夜温差很大，干活时大汗淋漓，停下来山风吹过又感觉凉飕飕的了，从早到晚溪水总是冰凉的，水里很多小鱼小虾，很容易抓到大头龟、石蛙、山坑螺之类。森林里各种动物都有，按现在的判别大多是珍稀动物了，比如老虎、猴子、穿山甲一类。每到晚上，我们早早把门关严就蜷缩身躯睡觉了，就算要冲凉、洗衣服，我们也不敢到溪边去，除了怕老虎来了，还怕冷，我们大暑天还得烧水来用。到夜深，我睡着一会儿就被冻醒，盖起棉被才能入睡。对现在的人们来说，这环境多么适合康养。大暑天晚上睡觉还得盖棉被，这不精彩？

再有一件奇事，本来满山遍野都是林木，有的高大参天，遮天蔽日，树上各种鸟类起飞降落，好不热闹，林下到处都是药材，青藤缠绕，人们只听一声号令，就举起斧头砍刀，将山梁地面砍了个精光，还放起火来把草木烧成灰烬。还到处挖了炭窑，挑选那些拳头大小的木林子烧炭。过几天木炭烧成了，就得卖炭。我们就每人装了满满两炭篓成行结队，沿着山路到锦江水库的白石码头，然后外运。

现在回想这事就是痛心疾首。好端端的原始森林，简直是物种多样性的天堂，怎么就一夜间将它毁灭了，然后就卖炭赚几个钱？怎么就毁林开荒，然后又培育一些速生林木，再冠以"封山育林"的盛名，再种树造林。雀鸟飞走了，老虎、猴子绝迹了，山坑的乌龟、娃娃鱼不见了，一座富山水变成了穷山恶水。人们怎么可以把金饭碗摔了然后拿泥饭碗吃饭呢？那个时代我们就怎么都成了真正的愚人？

痛定思痛，我们再也不能愚蠢了。到了2000年，清湾采育场体制改变了，成了广东省七星坑自然保护区，不再毁林开荒了，不再毁林烧炭了。青山绿水回来了，只是在1975年那只当地森林里的华南虎被打死后，再也听不到森林里老虎的吼声。幸好如今在"绿水青山就是金山银山"的鼓舞下，人们开始默默耕山，默默护山了。"清湾采育场"虽然伤疤并未痊愈，但又开始了新的征程。蜜蜂回来了，雀鸟回来了，只是我们的大家庭里少了许多高贵的朋友。

那吉人民深深记着毁林开荒然后造林这个教训，一个世代相传的理念——绿水青山就是金山银山。

罕见的自然遗产

——仙人塞海石臼风景线

有些景色，看一眼就知道是那吉。

——题记

仙人塞海是当地极美的游览胜地，游人络绎不绝，那山谷河床到处分布大大小小的石臼，形成一道让人赞叹不已的风景线，实属罕见的自然遗产。

走进狗头山下的一条峡谷，旅游探险爱好者就被一条布满七彩奇石的河谷吸引。这些奇石异彩纷呈，有蜡黄色的，有淡绿色的，有浅蓝色的，有咖啡色的，有的多种颜色兼而有之。被水冲刷后鲜艳夺目，把整条河谷装点得五彩缤纷，堪称七彩奇石坑。

这两处神奇景观位于那吉镇西部狗头山脚，一处土名为"飞鼠洒"，一处土名为"牛皮洒"，二者相距大约2000米。"飞鼠洒"位于锦江支流的下游，而"牛皮洒"位于锦江支流的上游。两处的河床上均有面积约150平方米的花岗岩。令人惊奇的是，被冲刷得一片雪白的花岗岩基面上，分布着数以百计的穴臼。这些穴臼奇形怪状，有的如圆形水缸，有的如人的脚印，有的则像古代舂米的石臼，还有的却像牛的蹄印。最大的穴臼直径约1米，最小的直径约10厘米，其深浅不等。穴臼口宽肚窄或肚宽口窄，但口沿和内壁均十分光滑，其中有的穴臼中还藏有多块鹅卵石，而在岩石的斜壁上，还可以看到许多"U"形擦痕。据地质学家韩同林教授证实，"U"形擦痕正是冰臼遗迹最重要的证据之一。

山界坪村有村民反映，称在距离该村五千米远的一个名叫"洒口"的地方，在那里的花岗岩上面同样也有很多石洞。我们又来到了另一处叫作"洒口"的地方。这是一条狭长的河谷，高耸伟岸的岩石峭壁，形成气势恢宏的峡谷，层峦叠嶂，俨然两扇坚固的巨大石门。河流上游是一座大山，大山的植被已经剥落，露出大面积的花岗岩，花岗岩中间是一条狭长的大坑，泉水通过大坑向下游流去，在大面积的花岗岩基面上，可以看到很多石洞。

这些石洞大小不一，有深有浅，形状各不相同。经过测量，最大的石洞直径约1米，深约50厘米；最小的直径约40厘米，深约10厘米。有的石洞藏有水，有的已经干涸，洞中藏有很多大小不一的鹅卵石。石洞的形状各不相同，有圆形的，有椭圆形的，有的像水缸，有的像古代舂米用的石臼，但有一点是基本相同的，每个洞的口沿和内壁都十分光滑，口宽肚窄或肚宽口窄。

另外，在岩石的斜壁上，同样可以看到很多"U"形擦痕，这些擦痕大小不一，深浅不一。对于这些穴臼，地质学家有两种不同的解释：以韩同林教授为代表的一种解释认为这些穴臼是冰臼，即两三百万年前的冰川遗迹，是冰川融化后形成的急流，携带着石块，从相当高度垂直向下对岩石长期进行强烈冲击和研磨而形成的穴臼，地质学上称为"冰臼"。另一种则以广东地质界为代表的解释是壶穴，是普通岩石河床被水流冲磨而成的深穴。它分布在石质河床基岩节理交汇点或破碎处，水流使之成为洼坑。洼坑里的砾石在流水的带动下旋转、撞击、磨蚀坑壁，使洼坑不断扩大加深，形成深宽数十厘米到数米的深穴，地质学上称为"壶穴"。

另外，在峡谷附近发现了古动物化石和起源于1.8亿年前的恐龙时代的（属濒危）国家一级保护植物桫椤，对研究该地区的植被分布和气候变化有着重要的科学参考价值。恩平市的旅游探险爱好者认为，无论是二三百万年前的冰川遗迹冰臼，还是1万年前流水冲磨而成的壶穴，都为研究古代那吉地质情况和气候变化提供了珍贵的实物资料，而且为那吉开发旅游业增添了新的资源。

一石虽小，人间大美

在我眼里，石头村每一个斑驳的石头都充满诗情画意。

——题记

阳光下，我们的镜头聚焦那西石头村。那西石头村岂止是用石头建房造路修桥那么简单。千百年来当地人民靠山吃山，依赖自然建设自己的美好家园，在生产和生活中运用石头，成了一种农耕文化的创造，韵味独特，意义深远。

这里的人们祖祖辈辈以石为生，以石为美，珍惜石上的每一寸土地，种养好石边每一根草木，以石头为基本资源开辟出可以耕种的万亩土地，成就了一代一代那西人的繁衍生息。

这里的人们无石不欢，无水不爽，无花木不乐，形成了自己独特的石头文化。

挖掘那西文化的内涵，突出抓住那西那吉的文史故事，长期以来人们以石头为基本的生产资料和生活资料繁衍生息。

到了今天，回望历史，乡愁浓烈地笼罩着这片土地。为了这方山水的未来，我们用祖先留下的每一块石头，在他们开垦的土地上，在他们建筑的家园里，再现当年的烟火情景，展望和建设未来崭新的石头村，诸多场景让人流连忘返，陶醉。

以云礼冠名家园，展示出一种文化境界，老祖宗真是匠心独运，特色早已存在八百年，独一无二。

我想，云礼与云丽谐音，许多人一听到这名字就开始想象，更多的是对这里山高云丽的美景，换一种角度欣赏，云丽充满诗情画意。

曾有灵感，我为她写了一曲相思歌，意想不到的是，到处传唱还获奖。

云丽，最美的是牛塘山、八脸岭。

牛塘山，山高林密石成仙，真的是这样。八脸岭，巍峨高耸，八面威风，无人不点赞。

这对兄弟山就像相依相靠的英雄，是那西人赖以生存发展的靠山。海拔不高，低山蜿蜒，森林葱茏，水源涵养极好。牛塘山在那吉镇全境，北麓鸭颈黄角，南坡那西朗村、八脸岭，向东北环抱那西七星塘两村委会，西南属阳江田畔镇大水田村。两山怪石嶙峋，草木繁茂，奇花异卉，风景优美。山顶鸟瞰那吉大槐阳江一带，视野开阔，古今名山秀水，充满灵气，多有精彩故事发生。山顶的灌木草甸，山腰的以上森林，山腰的山脚石头梯田，历经十代乡民修筑，层层叠叠，壮观无比，成为村民衣食来源。

云丽石，奇石。主要有两种：一种是辉绿岩，分布在牛塘山云丽坑一带；另一种是砂岩，分布在八脸岭一带，两山相连，但地质有所不同，质地不一，形态各异。

经过亿万年的流水侵蚀冲刷，云丽河的河床最吸睛的是鹅卵石。层层叠叠，许多地方二三十米深处还藏着它美丽的身影。

石头作为主要的建筑材料取之不尽，用之不竭，但耕作的土地也是石头满布，造成土层浅薄，地力差，人们在开挖梯田的时候，把地里的石头刨挖出来用来筑田基，修水渠，有的还拿去修房子，在这里无石不成家园。

云丽田，梯田，牛塘山、八脸岭层层梯田，自成风景。顺山势平整，依赖山坑，拾级而上，方便灌溉与劳作。天田埂可与城墙比美，雄伟壮观，望而生畏，让人肃然起敬，如今人去田荒，草木覆盖，田土隐遁，待整河山，新生必定壮丽。

这本是劳动人民汗水与智慧的结晶。顺应自然，利用自然，耕种自然，与自然和谐共生。每一寸土地都与乡村命运相连，家园主体，人们只是保护利用，祖祖辈辈谁愿意伤害毁损？

石头筑田基、筑水渠、筑水坝，无意却成就田园艺术，生存发展，产生文化，祖先的伟大莫过于此。

云丽路，石头路。做交通，为生活，为农耕。去河岸，担水路，到山涧，开山路，古驿道，同天涯，耕耘路，古老路，石头踏破，光溜溜，有脚窝，牛走过，人走过，老虎也走过，藏着多少辛酸悲壮的故事。

村后古驿道弯弯曲曲，翻山越岭，通往阳江田畔镇大水田，四周田野山岗郁郁葱葱，让人心情怡然，是古今石头村人生产生活文化的载体，连通古今，石头缝间，乡愁酿诗，非常值得保存爱护，是为后代和游客讲述文史的最美场景，最美课堂，最美的天涯路。

云丽树，云丽花。山上有竹木，君子竹，有节而优质，正人君子。村后有香樟，几人合抱不过来，有了它村可立江山可美，村口有老榕，社稷有老榕，象征开枝散叶，郁郁葱葱，人才辈出，路边河边田畴间水瓮树老当益壮，叶可泡茶影可荫凉，树有美德，人可模仿。树下有田，树旁有屋，树下有石，风光旖旎，一个石头成就风景线，山稔山竹山里香，屋前屋后有野菊，无处不艳丽，一路芬芳，满山簇拥，山水家园怎么可以离开天然草木和鲜花？

云丽河，云丽塘。云丽河发源牛塘山西边和八脸岭，流经那西，汇合那吉河，形成小型冲积扇，土地向东北敞开，沙土为主，土层浅薄，夹杂大小乱石，耕种不便，流域不大，养育全那西村委会17个自然村。

云丽河是那西峒人民繁衍生息的命脉所在，世代饮用与灌溉之源，大多自然流淌，村民曾筑小水坝、小水渠，引流灌溉，产生本土农耕文明。

云丽河目前正以石头浅草为特色，水利兴农，创设文旅风景，吸引着八方游客。

云丽塘，引云丽河水，入村池塘，蓄水养殖，塘欢鱼跃，岸边杨柳依依，水中鹅鸭嬉戏，消污洁净，浇地种菜，方便生产与生活，美化环境。其奥秘在于自然生态，生产与生活相结合，立村至今，云丽塘安静地映照着村史文化，是心灵滋润的甘泉，堪称一口云丽文化塘。

云丽墙，雨淋日晒，风雨荡涤，早已经是残垣断壁，任岁月抚摸，游人感慨。

云丽屋，石头屋，早已经人去屋空，剩下霉变难闻的空气，剩下天井口蜘蛛网的守候。

其实，石头村是一排排古老的农舍，探究起来很有意思。石头村坐向，以及村口出入讲究风水格局，不得随意变动。房屋建筑，全部取材河道或山上的石头，讲究建筑技艺。

马头石、过锁石、主石、石锲等构成工艺工序，别看石锲很小，却是一道墙壁牢固的关键，有的墙经历年代久远，万般风雨荡涤而不垮塌，凸显石锲精神。房屋极少独立存在，一般成排相连，邻里相亲相爱，防盗防贼，其结构特点为房间分上三间下三间，门分正门横门，尺寸有讲究，廊房结合，天井与大厅相通，人神共处，通风透光，纳财排水，后墙为宗宫墙，彰显祖宗功德，供奉牌位，布局完全体现中国传统文化的天地人和谐相处，那文化与客家文化兼而有之。村中祠堂是祭祀祖先的古屋，石柱青砖瓦房，最显荣华富态。

云丽巷，两排屋宇相间，自然成巷，有巷阁和村闸，护卫安全。巷道铺石头，不长杂草，清洁干净，明渠排雨水和污水，讲究卫生。邻里之间家家户户发生的故事都进出这石头巷道，各家各户门口两边放石头做凳子，可围坐休憩纳凉，月亮底下，小孩围着大人，故事会开始，讲者眉飞色舞，听者津津有味。

　　巷道里的生活很简单，一日三餐的轮回，红白二事的讲究，以情维系，老幼提携，男女有礼，相敬如宾，村风淳朴。

人在路上，心念石头

那西的石头路，从河边到山脚，从村里到山顶，我不止一次走过，我的脚步踏在上面，不知那世世代代踩踏形成的脚窝疼不疼，我的心可是很疼很疼的；我不止一次地伫立在村口，仰望那从不衰落从不枯萎的老榕树，仰望那片黑压压的瓦垄，蓝天之下土地之上，我的家园虽是根深叶茂，却那样充满了孤独感；我不止一次抚摸过那滑溜溜的墙角石头，像触电一样，我被一股力量鞭笞着，心跳加速，思想远飞。

目前的石头村已经是人去屋空，残垣断壁，老树随风，石头无言。但它给了游客无限多的照相空间，创作出一个个心灵的艺术图像，对我来说是一个心灵远行的终点与起点，作为终点，我不想再远行，故乡把我留住。它的故事很多很多，囊括了多少生命的梦想，我不希望它窒息在石头缝里，我想把它带向未来，虽然力不从心，却是一种责任，一个儿孙的责任。

那西石头村，就算历经风雨倒塌了，它的每一个石头都不会化为轻烟灰烬，呈现在你我的面前的，分明是一种永远也挥之不去的乡愁，那是一种对祖先烟火的情感的深深眷恋，就像那个灶膛石，乌黑发亮又那么沉重。

那西石头村不只是一道风景线的存在，更是当地人生存与发展的文化定位。每一个石头都连通古今，连通天地，每一根草木同样如此。从刀耕火种的山沟开始燃起篝火到那文化和客家文化的交替进入，奠定了美丽的农耕文化，它注定与青山绿水不可分开，天地人的缘分在这里的每一个石头上凝聚，散发光芒。它的一石一沙、一草一木，都是我们文化传承的基因。

石头村，以它不可思议的魅力吸引八方游客。

说它自然美，值得歌唱吟诵。因为它千百年来，村人与青山绿水和谐共生，与石头草木相依为命，诗篇和故事才得以精彩。

说它朴素美，奇伟魁梧或粉碎成沙，却无半点修饰，脚踏实地，任得清泉石上流，自信岿然不动，任人派上用场，任人堆积情感，任人确立功勋，随你意愿是我性，自己永远是默默地坚守家园。

云丽石无论是砂岩还是辉绿岩，经过亿万年流水的侵蚀，早已变得完美，村民用它修建房屋，铺成道路，筑坚河岸，所以风景这边独好。无它便无家园，无它梦想何去何从？站在村口的石头上，我们才能眺望远方，站在田埂的石头上，我们才知道祖先的英明伟大，这里每一个石头都是没有诗行的丰碑，面对它我们抚摸心灵，面对它我们应该下跪，我们乡下许多孩子契它为爹妈。

那西石头村的每一个石头不但光彩照人，想念它有温度，靠着它有力度，一种最美的社会精神内核吸附着我们的灵魂。

走进云丽就不想离开，牛塘山氧吧般的森林公园，山水呼应，曲径通幽，石头旁，大树下，可读书可静养，带你进入诗的境界和远方，天然成趣，安顿灵魂，康养身心，大美人间。

那西人保护、利用罕见的石头梯田，保护、利用罕见的石头古村，那西的村村落落是一道核心石头风景线。

保护利用好风景名胜牛塘山森林公园和八脸岭风景，利用天然资源，打造天然氧吧体验地，创设牛塘山与八脸岭文旅经济新模式，具有十分重大的意义。

山有驿道河有桥，一个石头筑世界。

朝阳冉冉迎远客，枯藤老树开新花。

大地艺术看梯田，耕种园艺乐人家。

两山一河一氧吧，一路风光任你夸。

城门古老黎毛早，六好文宿在乡下。

山花烂漫起浪春，大地呈祥照天下。

第五章

绿美那吉，蜜香那吉

美丽的古树公园

　　建设古树公园，是落实生态文明建设、改善乡村环境质量、提高民生福祉的重要抓手。近几年来，恩平市通过古树公园建设，打造了一批集古树资源保护和观光、乡村体验、科普宣教和绿色家园于一体的宜居、宜游、宜业的生态美丽乡村，为村民创造高品质的自然环境和生态绿色空间。2021年至2022年，恩平市林业局投入230万元，把回龙村打造成恩平市又一个古树公园自然村落。

　　一棵古树，就是一段历史。在回龙村背后，就是郁郁葱葱的青山，数百年来被回龙村人精心保护，彰显了人与自然的和谐共生。在古树林里，生长着古榕树、枫树、乌榄树、野栗树等数不清的高大树木。走进树林中，可见遒劲的树枝、斑驳的树皮默默显示着岁月的沧桑，而茂密的枝叶在蓝天白云的衬托下，绿意更浓，让置身其中的人心旷神怡。其中，有树龄超百年的古榕树，其茂密的枝叶展示着它旺盛的生命力。那么多的绿叶簇拥在一起，与红色的灯笼相互映衬，显得非常和谐。

　　如今，在恩平市林业局的规划建设下，该村不但修建了健身锻炼区，还建了篮球运动场和文化设施，其后的一座小山则变成了一个古树主题公园：公园内建有一条沿山小径，游客可以沿着小径观赏古树。其中，有一棵树龄近百年的古榕树，每到秋天，就一树金黄，分外显眼。还有一棵150年树龄的槐树，它苍老的树干，茂密的枝叶，成为山坡上的一处独特风景。秋天来临，山上的乌榄树让人陶醉，成熟的乌榄果挂在枝头，外皮呈黑色，这是村民的宝。村民将收获的乌榄果腌制后，喝粥时加几颗，蒸鱼时放几颗，是十分美味的饮食配料。此外，趁古树公园建设之机，那吉镇委、镇政府投入70万元，为回龙村及龙新小村新建了环村道，其中回龙村的村道长500米、宽3.5米，龙新小村的村道长200米、宽3.5米。2023年元宵节，回龙村的年轻村民自筹近3万元经费，举办了以"谢党恩庆元宵"为主题的"庆祝古树公园暨环村道竣工落成"的烟花文艺晚会，1000多名村民参加了活动。

这些古树，像回龙村人一样，无畏风霜雨涝、烈日酷暑，不屈不挠，始终保持着蓬勃向上的力量和气度。它们在村民心中，是坚毅、顽强的精神化身，也启迪回龙村村民奋发向上，努力进取，去创造未来的美好前景。

（本文作者：李明湛）

古树公园小景

古树公园小景

回龙村古树公园

古树林和它的女儿井

绿美河山，天然氧吧。

走进那吉，你就会感受到那莽莽苍苍的群山犹如一片碧波大海，风吹出让人无比舒心的林间涛声。阳光下，每一片绿叶都泛着那样柔和的气息。漫步在林间小道，给人带来无限美好的心情。

那吉的山村大多有风水林，它们有一个共同的特点：树木古老，有的还两人合抱不过来，有榕树、樟树、槐树、乌木、黄榄树等，更有一些我们喊不出名字来的乔木和灌木，还有各种各样的花卉。这些风水林都很原始，没有被破坏的痕迹，保存得很好。

最近，还有村子围绕着古树林建起了古树公园，这也是一个很好的主意。古树被命名挂牌，得到了很好的保护，树下还修了栈道，游人在那里徜徉，可以欣赏那参天婆娑的大树，可以在光影斑驳的树荫中触摸大树那英雄般的腰杆，遐思飞扬。

从前我们在山村里长大，男孩子都像猴子一样，身手敏捷，爬大树摘野果，采野花，在溪水中嬉戏，欢声笑语，对于那些郁郁葱葱的大树，大家见怪不怪，路边桥头根深叶茂的老榕树还被孩子契为老爹老妈，保佑健康成长，这就是我们祖先赋予大树的文化吗？想想很是有趣。

人类生存发展确实离不开森林树木，我们不仅需要它的木材，还需要各种野果、蘑菇，还有无数的药材。林中各种大小动物，它们相克相生，共同组成食物链，形成一个热闹非凡的世界，我们的祖先都是从森林中走出来的，我们的生存曾经紧紧依赖着森林树木。即使我们现在的科技是那么发达，为了生存发展，我们还需要森林防风固沙抗菌灭病，更需要它涵养水源。

树林在，井不枯。说到这里，我们被一个山村故事和场景所感动。我们来到一个只有几十户人家的小山村，它叫作黄榄角，从前山上长着很多几人合抱不过来的大黄榄树，而且年年硕果累累，是村中人们的一种经济来源。其实黄榄角是一个古老的村落，几百年前就由岑姓、李姓、黎姓共同开拓出一个美好的家园，后来从这村子迁徙出去的人们可不少呢。

老黄榄角村，城堡式地建在牛塘山山坡上，风景优美，传说故事很多，大多都与后山林有关。这一天，因为村中人们很是欢迎我的造访，带着我到处跑到处看，而且不断地给我讲故事。

最精彩的是我们顺着村中的石头路，拾级来到后山林中，在一棵大树下，老伯给大家说了一个神秘故事，说是从前，有个狩猎者来到这里，抬头看到树上有一只老鹰，举枪就打，枪响不见鸟中弹，反而是老鹰俯冲下来，一口叼走了猎人头上的帽子。老鹰在天空盘旋了一会儿，把猎人的帽子挂在大树顶上，谁也够不着。帽子像一杆破旗，迎风飘动，远远就能看见。老人说着还有点激动，他告诉我们，当年老鹰这么做肯定是因为对猎人很愤怒，把他的帽子抢过来挂在树上是为了警告人们不要乱伤害林中各种飞禽走兽。我们听者无不点头称是，自然界的真理就这么朴素实用。

大树下还有一口老井，老井旁边矗立着两块巨石，一条石头小路从村中延伸过来，那路早已被村人的脚板磨成了光滑而漂亮的艺术品了。老人乐呵呵地介绍说，这就是人们传颂的女儿井，它的泉眼天然形成，像一个美丽的女儿身，井沿用石板砌筑，显得很古老。探身老井，你会激动起来。一汪泉水那么清纯透亮，你会突然发现自己的倒影立马漂亮起来。老人笑个不停，我们也忘乎所以地乐着，他说人在女儿井照过自己的身影，回去必定容颜不老，精神焕发，幸福快乐，总之好事连连。

说真的，几百年来，这女儿井清泉汩汩，不知滋养了多少俊男美女，它不但是偌大一个山村的唯一水源，十乡八里的人们都来这里挑水酿酒、做饭，传说用女儿井的泉水酿出来的酒特别香，煮的饭特别松软可口，卤鹅尤其美味。女儿井可谓美名远扬，至今引来无数好奇的人们欣赏它，要探个究竟。

人们感叹神奇的时候，老人挥手指着那曾经被老鹰挂帽子的大树，自豪地说，其实这女儿井之所以永远清泉汩汩，是因为家乡的人们永远保护着这片古老的森林，有这永远的森林，才有这美好的故事流传，才有永远美好而幸福的家园。

女儿井旁响起了一片掌声，人们对绿美家园的向往，更多的心里话都不用细说了。

风景独好水环冲

水环冲来石环水，石在田中水绕田。在那吉镇牛塘山北麓，源自山上的清泉犹如一条绿色锦带，冲刷着沿河的鹅卵石，两道清澈的水流在水环冲相汇。

水环冲村四周高山环绕，犹如聚宝盆地，山、水、石、田相融相生，营造了原始又瑰丽的景致。在推进乡村振兴战略的过程中，当地村民充分利用自然优势，践行"绿水青山就是金山银山"理念，大力发展中草药种植业，融合旅游产业，打造中草药种植水乡游目的地。

因自然资源丰富，村中奇景成旅游"打卡点"。驱车经过环山公路，穿过山林，越过田野，进入那吉镇黄角圩。近年来，随着那吉腊鸭、茶叶等产业的兴起，周边牛塘山、水环冲等游客渐多，黄角圩的人气渐旺。经过黄角圩，很快便来到水环冲村。

首先映入眼帘的是一条小溪，源自牛塘山的溪水十分清澈，周边布满了各种大小不一的石头，好像一个迷宫石阵。这是典型的那吉石头风光，在牛塘山脚下，有多个布满石屋、石墙和石路的村庄。石是水环冲的灵魂所在，水是水环冲的躯体，在水环冲村，石头随处可见，溪水中、田野外，约160年前，当地人的祖先用石头砌成墙建成庇护之地，用石头围成家园打造鱼米之乡。

绿水青山是那吉镇旅游业的重要资源，那吉河的上游就在水环冲村边流过。清澈的溪水绕着村庄顺流而下，在水环冲村中间，一道水闸将溪水拦住形成小湖，湖面恍如一面明镜，湖中有一块奇石，犹如水怪潜伏水底，又如龟驮竹影，若隐若现，颇为神秘。远处牛塘山云雾升腾，近处村庄田野浑然一体，此情此景，泛舟湖中，颇具情调。

村中左边后山更有奇石——"爱情石""晒谷石"。"爱情石"大如巨鼓，形似心形，中间有一条裂开的缝，上面种了一棵大树。"这是我的爷爷以前种的，距今已有百年，中间裂开的缝好似'将心打开给你看'，寓意爱情中表白、坦诚之意。"村民黎植槐说。往溪边走一小段路，就能看到"晒谷石"，几处巨石形成面积十多平方米的天然晒谷场。"以前条件艰难，没有专门的晒谷场，大家都把稻谷挑来这里晒，所以这里被称为'晒谷石'。"当地村民告诉记者。

水环冲村还有不少传说，较有神秘色彩的是"神猪过河"。"神猪"是一块巨石，位于溪流中间。有一天，一位仙人到村中对村民说，河中神猪渡过河后，村民生活就会富足。其后不久，河流改道，原本在河中的神猪过河了，村民生活得到改善。如今，"神猪"成为游客的主要"打卡点"。"周末，有很多城里的年轻人来这里游玩，还有不少拍客到这里取景拍摄。"当地村民告诉记者。

利用传统优势，进一步做大中草药种植业。村民黎植槐曾走出大山村到城里创业，成功挖到了人生的第一桶金。此后，年岁渐长的他记起祖辈的遗训。"我做了一个梦，梦见祖先跟我说，回村里种茶。"黎植槐说。于是，他离开城市，回到村里种植茶树，打造了一个草药茶园。

在茶园，黎植槐种植了大量中草药，其中不乏名贵品种，而他大量种植的中药茶，便是以地方命名的"水环冲茶"（为云南大叶茶）。这种中药茶入口略显甘苦，味道特别，在水环冲村已有多年种植历史，为当地人的主要饮用茶。它原本生长在牛塘山顶，当地人的祖辈将其移植到水环冲村。此外，村中形成了良好的中医传统，几乎人人都懂草药。

如今，随着水环冲村的旅游人气逐渐旺盛，有村民酿凉粉、制水环冲茶等售卖，丰富了经济来源。村民黎坚荣是村里的年轻人，他告诉记者，近年来，村里发展越来越好。"我们也有了盼头，很多从村里走出去的年轻人都愿意回来看看，甚至复耕田地，种植特色农产品和中草药，大家对村里的未来充满期待。"他说，"除了建设中草药生产基地，我们还希望打造中草药科普示范基地，加强对中草药的传承和发扬。中草药除了药用，还具有观赏性。"水环冲村民小组长黎裕昌表示，目前水环冲村希望加强招商引资，将中草药的种植生产进一步规范化、科学化。"那吉镇是森林小镇，也是生态大镇，我们要充分利用传统优势发展经济，进一步加强中草药生产基地的规划建设，美好生活是奋斗出来的！"他说。

据悉，那吉镇将不断加大投入力度、积极探索，把水环冲村打造成乡村振兴的先行村，拓宽产业兴村的思路，为乡村未来发展提供更多的思路。

"绿水青山就是金山银山。"产业兴旺、生态宜居、生活富裕是乡村振兴的重要标志，水环冲村村民紧紧把握乡村振兴机遇，因地制宜，积极打造乡村振兴样板，为乡村产业振兴提供经验借鉴。

爱情树的故事

爱情树，听起来就让人觉得美好而甜蜜。

爱情树长在水环冲河的上游山麓，不仅是自然界奠定这一方山水的磐石，更是水环冲村立村的根基，它佑护本村黎姓族人开枝散叶世代繁荣昌盛。村民对其顶礼膜拜。

水环冲村前面有两条山溪从上游的山坑汇集冲来，村上地势低平，从前每当雨季来临，洪水冲垮堤岸就把村子淹了，水患常常让村民伤透了脑筋。

本村黎姓第二代，有父子俩各自的爱情婚姻故事被世代传为佳话，而他们的故事都是从植树造林开始。

父亲黎宋宁忠厚善良，勤劳勇敢，道德情操高尚，结婚后夫妻一生恩爱有加，因而家庭和睦幸福。但是村中常常受到水患袭扰，生活不得安宁，于是这对年轻的夫妻商议后就决定在村边筑堤种树，以防洪水。当初由于树苗还小，矮小的堤坝还是抵挡不了洪水。但他们从不泄气，坚信通过植树造林修筑的堤岸定会坚固起来，保护好家园，人们的生活一定能稳定幸福。

经过多年的努力，水环冲村的堤岸在参天大树的护佑下固若金汤，黎宋宁夫妇深刻体会到如果没有树木，没有堤岸，就没有家园，夫妻俩把自己的想法变成了成功的实践，从此村民有了幸福的家园。要建设安定美好的家园，树木和堤岸是多么重要。他俩的爱情也在这个过程中更深刻。

一个家庭，一个族群，乃至社会稳定安康，人们对爱情婚姻的美好追求是重要的保证。爱情就像河岸的大树，夫妻肩并着肩手挽着手，即使面对滔天的洪水，也能化险为夷，平安幸福。

后来儿子黎仁山长大成人，结婚成家，夫妇同样坚信森林树木是幸福家园的保证，便效法父母保护好村前村后的树木，在建设家园中他们弘扬了父辈的精神，相濡以沫，情爱笃深。

后人发现房子的背后有两块巨石，犹如一个美丽的红心，于是在巨石的石缝中种上两棵龙眼树，象征海枯石烂初心不改。这表达了对先辈的敬仰，也学习他们的美好情操。

两棵爱情化身的龙眼树根深叶茂，硕果累累，现在每当一年中龙眼成熟时，亲朋好友都来树下聚会，分享爱情的甜蜜，这见证了水环冲村人民的幸福生活，也潜移默化地勉励后人树立崇高的美德，坚守美好的爱情，建设美好的家园，过上美好的生活。

爱情石，美丽之石，吉祥之石。

爱情石，海枯石烂，爱心永恒。

神犬山的探宝记

　　人间美好的故事总往那吉这个神奇的地方聚集，位于黄角小镇东北部的神犬山，也叫狗头山，我一直希望登上峰顶，就是未能出行。直到有一次，我在镇上遇上一个乡里，他告诉我可以带我上神犬山寻找一种奇石——猪肉石。

　　这一天我们还约了一个朋友，三人驾车一早就赶到了神犬山的北麓。因为神山海拔不高，也就是七百多米，我们都是轻装攀登，起初还是有羊肠小路可走的。

　　我们先是游览了山谷的一个自然景观，人们根据古代传说美其名曰"仙人塞海"。我小时候就听说过这个故事，说是一个仙人何仙姑运用法力，喝石成兵，叱石成羊，在一个清晨，将河流上游的石头赶往下游，也就是神犬山山脚的溪涧筑坝把流向锦江河的水流引向那吉河，好在那西这个地方建筑皇城。传说是美丽的，但那吉要发展确实需要大河灌溉运输。仙人塞海最美的是奇石，河床有一块几乎平躺的巨石，人们戏称其"世界大床"，更神奇的是上面布满了大大小小的石臼，有的像大水缸，有的像水桶，有的水凼里还藏着精美的石头，徜徉其间兴味盎然。溪中还有一个被流水亿万年冲刷出来的仙人美女腰身，挡住了流水，她是一尊就算人类匠心独运也未必能雕刻出来的艺术极品，活灵活现地呈现在人们面前，太吸引人了，也太让人匪夷所思了。

　　沉浸在大自然的魅力中，一时想象多多，我们逗留一会儿又继续登神犬山了。沿着怪石嶙峋的山谷，我们又振奋精神往上游拨路前行。这神犬山的沟谷不是很宽阔，蜿蜒逶迤，但风景非常美丽，一潭一凼，小瀑布接二连三的，泉水淙淙，两岸都是原生态的林木，斜斜地探向溪中，让潺潺溪流有点阴森的神秘感。半天过去，我们穿越了一片杉木林地，那些碗口粗细的杉木，葱茏油亮，一不小心那针尖就会刺着攀登者，它们一排排一行行，全都笔挺挺直指天空，阳光斜斜照射下来让风景具有独特的层次感，亮丽壮观。

继续挥汗攀爬的时候，前面不远处有雾气腾腾地向天空冒着，也听到隆隆的水流撞击声。向上已经没有了路，并且越来越陡峭险峻。这峡谷像是一线天，瀑布犹如一匹细长的绸缎从五六十米的悬崖上飘落下来，雾霭映日彩虹横贯山涧，煞是美丽。还未找到猪肉石坑，我们不敢留恋美景，必须集中精神全力以赴地攀登。我们抓着镰刀柄一样粗的青藤像猴子一样一步一步附壁而上。

爬到了崖顶已经是下午两点多了，此时呈现在我们面前是一条一线天般的峡谷。峡谷周围古树参天，其中屹立在岩石旁边的迎客松是我特别喜欢的，对我们几个不速之客很有殷勤的感觉，在我心中它是有灵性的，生长在这样的环境，显出坚毅勇敢的性格，让人钦佩，肃然起敬。这也是这山沟所有大树的共性。目光不能在茂密的林间自由驰骋，我们四处寻觅，大家相继发现许多宝贝，有野板栗，有山米，还有玲珑剔透的紫色禾雀花，一串串挂在大树上，美不胜收，撩人心动。山中的美景真是让我们陶醉。哎哟，我们几个同时瞪大眼睛，不远处的林下密密麻麻长着一片板蓝根，靠前细看，它的茎梗像鹤脚一样乌黑乌黑的，叶片是墨绿色的，枝丫间开满紫色的小喇叭状花朵，无不让人赞叹不已。大家还你一言我一语地议论着它的药用价值，民间还利用其抗疫消灾。

我们四下欣赏着，在沟谷攀爬着，功夫不负有心人，最兴奋的时刻出现了，几块散乱的猪肉石在浅浅的流水中特别美，特别显眼。寻觅着，欣赏着，我们终于发现了这条神秘的猪肉石坑，这一段山谷像个长形的槽坑，是被亿万年的流水侵蚀冲击而形成的，两边的岩石层理条纹十分清晰，活生生的石头猪肉，似乎有皮有肉有瘦有肥，大自然的神工鬼斧让人击节赞叹。

我们不停地寻找，不停地拍照。

锦绣江山留芳踪

　　朝阳璀璨，和风轻拂，清爽怡人。16位队友，分乘三车，从市政府侧门广场出发，沿北线疾驰而往。出恩城，经大田镇，至上午11时达锦江电站东侧。雄伟的大坝，固若金汤；新建的泄洪道及办公楼，气势恢宏；深可容鲸的锦江水库，波光粼粼，秋水湛蓝，群山倒影，坐车缓缓而过，如观画卷。

　　获得许可，车队通过一道铁闸门，再沿水库边公路慢驶约3千米，乃至沙坪坑，为水库职工驻地。此处有几间旧楼房，原住有多户人家，现今大都迁居恩城。其时，见一老汉靠坐房前，悠闲地抽着水烟；一妇人在空地上，夹晒包粽子的芒叶；一女孩倚立门前，穿连衣裙，眉清目秀，水灵灵的，漂亮可爱。他们知道我们来登山，甚是欢迎。

　　车停沙坪坑，众队友纷纷取下行囊，休整15分钟，于上午11时30分，迈步向狗头山进发。

　　初程，徒步沿沟底公路向狗头山靠近。四周高山相拥，草木茂盛，苍翠如碧，间见各色花妍，斑斓耀目，大自然织造的七彩锦缎，真使人赏心悦目！沟壑之间，每有清澈的溪水哗哗流出，激湍生烟，近之凉气怡人。附近则立有水泥石柱，上书"锦江源自然保护区"，漆着醒目的红色。看到源头得到较好的保护，我们感到欣慰。

　　抵达狗头山脚，侦察兵出身的炜君，凭着经验，为队伍找到了正确的攀登路径。在炜君举旗引领下，队员鱼贯而上。沿途山陡林密草高，藤蔓纵横交错，队友或侧身而过，或猫腰躬身而行，每前进一步好不容易。男队友多逞英雄，行进急速，一会儿即气喘如牛，停下歇息；女队员则爱拼耐力，不紧不慢，随后跟上，不过已香汗涔涔，两颊绯红，如施粉黛。

下午近2时，队伍已登临海拔700米处，由此而上，几无灌木生长，只有一些山稔树和"九泡"箣，结着红红的果实，摘而啖之，山稔果有些甜，"九泡"果则酸中带甜，可以解渴。四周浅草密织，如覆锦毯，有队友率性跳跃翻滚，游戏作乐。至此已有"一览众山小"之感，可俯瞰群山，视野辽阔，心扉顿开，队友不禁高呼雀跃，欢庆登临高处的喜悦。又登约半小时，终达顶峰，其上有以夯土法建成的瞭望屋，曾有护林员常驻，以监察山林火情。队友登临胜处激情澎湃，亦有"俱怀逸兴壮思飞，欲上青天揽明月"之感慨，做出展翅欲飞之状。

炜君还带来了萨克斯风，即兴演吹《同一首歌》，众人即兴和唱，悠扬的歌声在山间经久回响。男儿壮硕，虎背熊腰，一派英雄气概；靓女英姿娇健，模样姣好，秀发飘逸，衣襟随风翩翩起舞，使人想起了"爱江山更爱美人"的意蕴。但见近处，林木翠茂，连绵如幛，极目远眺，天山相连，灰蒙青黛，山脚下的锦江水库像一个巨大的湖泊，绵延无际，在金色的阳光照耀下，湖面烟波浩渺。

那吉如此多娇，众人无不尽情欣赏山水之美，纷纷举起相机，留下美好时刻。

此时，我也吟哦出《登狗头山记》诗句，记下此次登山之美好：

群英神勇征狗头，

千难万阻越高峰；

脚下群峰林海碧，

锦绣江山留芳踪。

（本文作者：许金远）

东坑，我美丽的家园

　　东坑，横卧在那吉镇的北部，它是那吉河的源头之地，直奔阳江市漠阳江。这里有我美丽的家园，是一个宁静的小山村，群山簇拥，绿水环绕，环境优美，自然资源丰富。

　　我家门前有两条山溪汇合在一起，形成了像半月形的深水潭，潭的一边由几块大石平坦地堆在一起，石面上建有一座水口庙。在那大石旁，两边河岸有参天古老的大榕树，彼此的树干延伸交错，紧紧拥抱在一起，我们都称它们为兄弟树。调皮的男孩子在树枝上两岸穿梭，当然会传来大人们的责骂声。河水清澈见底，鱼儿虾儿在欢游，时不时还有乌龟游过来嬉戏。村中大人常常跟孩子们讲那神奇的传说故事，话说深潭中有个水洞直通隔着几座大山的高朗村，洞中有条大鳗鱼，鱼尾在高朗村那边，鱼头在东坑这边，还常常伸出头来在水面捣鼓，吓唬人。正是因为潭水极深，存在危险隐患，大人们经常警告小孩子们不能在潭边玩水。人们一直对那潭水有敬畏感，每逢节日都会在那里烧香求神灵保佑。

　　天气暖和了，村中小孩在大人的带领下，喜欢跳进水较浅的河里戏水捉鱼虾。河岸边满是树木、野果、野花，我们那时候最好的零食就是这些野果了。孩子们常常在河边平坦的大石上蹦蹦跳跳捉迷藏，还有村民在大石上面晒稻谷之类。记得20世纪90年代《江门报》还报道美称这里为"小九寨"呢。

　　夏秋时节，当然是小孩子最活跃、最开心的日子了，对面山里漫山遍野的山稔、油柑果、山竹果等野果都成熟了，这个时候，我们会整天在山里转，摘野果来食，在那些战争时期留下来的战壕里做着解放军战败敌人的游戏。晚上，大人忙完了一天的农活和家务，都会陪着孩子们在自家的庭院里乘凉，拉拉家常，和孩子们讲讲他们以前的艰难生活，还教育我们不要忘记父辈们艰苦创造的一切。这也是我最快乐的时光，半躺着在竹椅上，听着父母讲故事，望着星空，数着星星，还有那美丽清晰的银河系，听妈妈讲述着七仙女和牛郎的爱情故事，慢慢地进入梦境，第二天醒来才发现自己已经躺在床上了。

东坑立村上百年，这里的村场和房屋与那吉峒其他村不同，自由松散，三两间房子聚在一个地方，房屋都是单家独户，每间房屋都是自成一体，有独立的庭院，有树林、有菜园、有果园，家家户户依山傍水。这里的村民都是从外面不同的地方迁徙过来的。在那个兵荒马乱的年代，为了逃避战乱，也为了温饱安宁，背井离乡，举家到这里开荒垦地，过着"耕田厂"的生活，慢慢开创出新的家园。

当初，祖辈们来到东坑，除了因为这里有原来的瑶民开垦的田地（当时耕种的那些田地、稻谷大部分还得供给地主，自己留下的只有小部分，远远不能满足温饱），最重要的是，这里大山的物质资源丰富，原生态物种多，山里有着可以果腹的野果、野菜、山薯、药材，还有各种动物。河里鱼虾成群，盘中之餐俯拾皆是，因此与稻米掺和着勉强可以自给自足。由于这里山高林密，处于原始的环境，有很多凶猛的动物，比如老虎、野猪，它们会危及村民的生命，村民以坚韧不拔的精神与老虎斗智斗勇，并吓走它们，常常狩猎到野猪和其他动物，丰富了家里的生活。先辈们利用山坑水源，在山坳里开垦了梯田耕种，以收获粮食，上山采集山货到外面售卖，赚点银两换来生活必需品，余钱供子女读书。勤劳换来了生活的温饱，从此村民就慢慢在这里安居乐业，我们也越来越爱上这里了。

最值得一提的是，大山里有着丰富的野生药材资源，村民空闲时都会上山采集拿去药材店卖（当时那吉药材店的药材大多数都是东坑村民提供的）。村民也熟悉这些山草药的功效和药用方法，身体有不舒服或染上病痛都会自己上山采药治疗。生活在这里的村民都认识很多种山草药材，随口都可以说出几十种，可谓人人都成了土郎中。这里的环境非常适合种植药材，20世纪70年代初，这里就成了药材种植基地。从我记事起，就知道有技术人员常驻村上指导村民大种药材，我父亲就是跟他们学习种植药材的，很快成了种药材能手。当时种植最多的有穿心莲、沙参、玉竹、首乌、防党、怀山药、巴戟天、春砂仁、茯苓等。直到20世纪80年代后，这里才解散了药材种植合作社，受当年的影响，现在还有村民种植牛大力、土茯苓、巴戟天、玉桂树等，发展林下经济，生活欣欣向荣。

最让村民不可以忘怀的还是抗日战争和解放战争的那段战火岁月。东坑地形地貌险要，山高林密，进可攻退可守，是解放军游击队第五团驻扎和训练营地。特别是黄尾坑，西部可经险峻的狗头山连通清湾七星坑根据地，东北部可连锅盖山直达大田浪底老区。这里真可谓是一夫当关，万夫莫开。

中华人民共和国成立前夕，国民党反动派做垂死挣扎，拼命围剿驻扎在东坑的解放军第五团的启明星连。村民为了支援解放军和游击队，纷纷贡献自己的力量，将自己的房屋提供给战士们扎营，村民自觉给部队放哨、送信，还把家中仅有的粮食送给解放军，而自己吃糠咽菜。

让人值得永远铭记的是，我村的青壮年组织了一个战斗班，由村民李华周任班长，卢国英、卢伦为副班长，为黄尾坑营地开展放哨巡逻的保卫工作，随时准备打击敌人，为支援解放军的战斗做出贡献，可歌可泣，值得后辈好好学习，不断弘扬他们的革命精神，永远跟党走。

那吉解放了，在共产党的领导下，人民过上了美好的生活。特别是改革开放后，人民的生活越来越红火。村里的年轻人读书成才后出去外面工作了，还有经商做生意的，在城里成家立业，当他们在外面有了成就不忘桑梓，回来积极投身社会主义美丽乡村建设，现在，山间洋楼别墅比比皆是，是老一辈村民想都不敢想的事。

现在，东坑旧貌换上了新颜，深水河成了浅水河，河边大石变成了干净的沙滩，大榕树下的深水潭也成了月牙湾，但不失她的美丽妖娆。每逢节假日，这里聚满了来自远方的游客，他们在这里戏水玩沙，欢声笑语，乐而忘返。

相信在习近平总书记"绿水青山就是金山银山"的理念指引下，更多的年轻人热衷助力家乡建设，东坑会百尺竿头，更进一步，越来越美好。

（本文作者：卢梅珍）

狗头山下的绿美胜景

　　小时候听说东坑村很偏僻很远很神秘，长大后也去过一次东坑，经过那吉圩聂村，大概10千米路程，羊肠小道荆棘丛生，道路难行，山旮旯倒是鸟语花香，只是与外界有点联系不上，很是神秘。现在去东坑的路都是康庄大道，驾车奔驰，一路景色迷人，让人无限惬意，但对外人来说还是有点神秘与奇妙。

　　我和伙伴前往东坑观光，不用带路，自由行，轻松，精彩。路上，我们经过革命老区村聂村，也叫"三耳村"，从东边山野望北而去。前面小山包之间，东坑小河边有一条美丽的小山村，村子小，名字却很大，叫作马王冲村。过了马王冲村，层峦叠嶂之中，映入眼帘的是卧在狗头山脚的一个大山窝，就是东坑村。

　　一大片热带棕榈林很美丽，但其在整个山沟环境中却有些突兀，方圆百里都没有这样的植被，真让人感觉有故事，林中草地茵茵，一群牛三三两两在林地上舔着青草，悠然自得。河边有巨石，从山上来的溪水在那里转弯，形成小瀑布，一片榕树林横在两岸，掩映处露出一座红墙绿瓦的北帝庙，峥嵘露头角。气氛有点不和谐，所以更值得崇拜和考究。许多老人对它一问三不知，其中有一个曾经做过小学老师的村民，他拿出家中珍藏的《那吉东坑北帝庙来历》，我翻开一看，几页文字，表述得十分凌乱不通顺，从东汉说起，忽地又说因为那吉某个村子要建皇城，立此庙奠定那吉一带的风水格局，如果作为历史研究，很难得到想要的结果，但作为影响那吉一带的文化故事，就颇具影响力，神秘的面纱从来不用揭开的。

　　镇上的村子都是群居集聚，而且都是巷道，方便族群生活，东坑却不是，独门独户各占山头。从前的人家，泥墙石屋，开门见山，出门上山，梯田绕山，稻禾种到半山腰，耕种山头，男女老少都锻炼得身体硬朗，而且拥有超强意志和毅力，养育出很多做事便成事的人才。你看，现在这群山里人家大多都建起了让人羡慕的别墅。每间别墅都有庭院，多有果园，周围是一个大花园，真美。他们的房子让人想欣赏、点赞。进门是厅堂，两边厢房是家人的起居室，靠后是盥洗间，侧边有楼梯上楼上，楼上有阳台或大露台，可以白天欣赏远处山涧的风景，晚上看月亮数星星，若村子里家门前有什么动静，还可以照顾到，简直就是宜居人家，与现在城里人追求宜居宜游的民宿没有多大的区别，而且更好更美更爽。

东坑自古以来，环境优美，一直物产丰富，有多种有色金属，陶瓷泥矿。因为森林茂密，20世纪，这里飞禽走兽众多，各种珍稀动植物不可胜数，有村民随时可以在溪水边发现金钱龟、穿山甲等，还有村民被娃娃鱼奇怪的怪叫声吓昏了，躺在溪边睡到第二天天亮，村人才把他找到，山上还有老虎出没，每天太阳下山，人们就闭门关户，以防不测。满山沟都是各式各样的中草药，这里曾经是恩平的中草药基地，盛产杜仲、巴戟天一类药材，没有一个村民不认识中草药，并且利用它防病治病。

狗头山与大人山是锦江河和那吉河的分水岭，东坑就在这分水岭的西南侧。东坑的群山深处，到处郁郁葱葱，到处鸟语花香，到处是瀑布，那些瀑布也非常壮观，都有小黄果树、小德庆瀑布之称，躲在深闺人未识，因为没有开发，知道的人不多，欣赏的人自然少。现在就有一条适合越野的观光山道从那吉沿着锦江水库南岸横贯莽莽苍苍的群山，直达大田镇。

相信不久的将来，东坑一定很热闹，那小溪，那山涧，那瀑布，那花果山，那穿越丛林的公路碧道，那宜居人家的庭院与民宿，旅游观光的人们定会络绎不绝，一个康养文旅目的地，正在崭露头角。那时，大美东坑的那些神秘的故事和文化，就会感动更多的人，那些神奇东坑胜景就会让世人流连忘返。

东坑村让我游走了足足一天，许多角落，许多墙角的奇花异卉让我陶醉，不舍离开。入夜，灯下一边欣赏着这山村的彩照，一边回味着东坑村的故事。

东坑村的民居民宿非常值得我们思考。他们形成的村落不是由一个单一的族群繁衍生息，而是分别由外地迁徙而聚居此地，迁徙过程带来的客家文化，与当地文化相融洽，他们各家各户的起居都保持一定的距离，有自己的个性空间，又相互关联和照应，一个个门户错落有致的家园，就这样奠定了美好的基础。他们值得我们学习的是那种意志品质和追求生活的美好情怀。他们从眼前规划未来，从脚下开始走向远方，从手上为家园添砖加瓦，从身边营建自己的生产和生活，从来没有"等靠要"的思想和习惯，当地的人们给了自己安身立命的土地，就要懂得感恩，而现在家园是自己的，就要好好建设它、爱护它。

东坑人有自己独特的审美情趣，他们从心底里明白劳动创造是生活中最美的，他们认识到美是依山傍水与自然和谐相处，他们相信山村也不比城市差，甚至是城市人所追求的生活体验都在他们村上。他们为自己的家园，练就一身正气，拥有坚强的意志和毅力，用自己的智慧，一点一滴，一丝一缕，用汗水和劳动，为子孙后代构建美丽家园。

云丽坑，云丽河

牛塘山和八脸岭坐西向东，不算高大巍峨，但给了我无限的畅想，八脸岭真像个小富士山，惹人注目，我特别喜欢给他照相，弄点诗情画意的创作。整个那西垌的石头都是来自八脸岭和牛塘山一带。无论地壳怎样碰撞隆起，无论怎样山崩地陷，这块小小冲积扇的形成，那是亿万年自然创造的结果。人们在这里建立家园，是多么幸运，多么美好。

牛塘山，在我童年的时候，每逢夏天大雨滂沱之后，我们就喜欢遥看挂在山前的瀑布，煞是壮观。有时云雾缭绕，山体若隐若现，我站在家门口可以远远看到她的身姿，少女一般的妖娆美丽，曼妙动人。真的山不在高，有仙则名，每年前来登山的人络绎不绝。

因为两山风景美丽，山下又出了个远近闻名的石头村，我常常走近她，从细节上欣赏她的优美。

我不止一次经由石头村走进云丽坑，每次都是陶醉其间。这一次我又与朋友相约进山，一大早就出发，天气非常好，暖暖的阳光，在微风拂煦中给了我们无限的活力。

山泉的淙淙响声越来越接近我们，谈笑风生之时，大家一头扎进森林。首先映入眼帘的是被植被覆盖的石头梯田，或许是因为许多年没有耕种，已经长起了大树，杂草丛生。只是那石头田基还隐隐约约地展示着它的风采。我们几个人惊叹不已，有人已经举起钩镰开始清除周边的杂草和荆棘，不一会儿，一道两三米高的墙体出现在众人的面前，逶迤而去。大家的手机照相机咔嚓咔嚓地响个不停。

这里是一片如此层层叠叠的梯田，全都荒芜了。大家惊叹不已的时候，我感慨颇多，此刻任思绪飞扬，我想古代的劳动人民多么伟大，也不知从哪个时代开始，这里的人们祖祖辈辈为了生存修筑了这样的梯田，他们开挖梯田的时候也一定是搬来石头砌筑成墙壁，用作田基方便耕种。如果是现在，得以多少机械和人力才能建成？成本也太高了吧？但古代劳动人民就那样一个石头一个石头搬，硬是修筑了让我们肃然起敬的家园。我想我们要好好珍惜他们曾经流血流汗的土地。大家都说让出方寸土，留予子孙耕，可现在这一带的年轻人都进城去了，家园田地已经被埋没了，祖祖辈辈的故事被遗忘了。

　　逗留一会儿，我们带着一丝不快继续迈开脚步从山脚往上攀爬着。我在溪边掬水洗过脸，舒心了许多，眼前目不暇接的景物将我的心情又切换回开心快乐的频道。到处怪石嶙峋，清冽的泉水从石头缝或青石板上流过，大树参天婆娑，沙沙的响声中，阳光斑驳地洒在林间，照在随风摇曳的花蕊上，蜜蜂在四周嗡嗡地飞着，或采蜜归来或正在飞向花间的路上。人置身其中与自然融合在一起，这不就是天然氧吧吗？真美好。

　　云丽坑到处都是奇石，或卧或立，或象形或写意，或染色或青黛，异彩纷呈，但仔细一看，还是辉绿岩占了多数，千万年的流水冲刷，千万年的苔藓拥吻，哪一个石头都是光光滑滑的，或像走兽或像飞禽，令人沉醉，更令人不得其解。可以说，每个石头都是一道风景线，人或坐在那里沉思或站在石顶挥手指点。

　　最让人心动的还是那瀑布，现在是初春时节，去年冬天到现在还没怎么下过雨，但山涧仍然流泉飞瀑，这真是不一般的风景。环视四周，我坚信这是群山之间森林茂密利于水土保持的结果。这不但是自然的价值体现，而且是人们保护生态环境的力量在发挥作用。

　　我的心情随着瀑布漂流，顺着这泉水流向山外，流进了土地。山涧泉水清且泛着涟漪，小鱼小虾在水中自由游弋，人们记忆犹新，30年前，这山坑，这水边，随时可以看到穿山甲、乌龟与石蛙等各种珍稀动物，山上山下的人们世世代代都与动物们一起饮用这云丽河的清泉，其乐融融。

现在我的心情在很难见到鱼虾的溪水里，在没有稻禾生长的梯田上，不是苍白就是渗不出一点滋味。但是子在川上曰"逝者如斯夫！不舍昼夜。"的感觉并没有流走，时间留下了山上的许多，但也会带走人们全部的记忆和全部的故事。

云丽坑，云丽河，你对于我和这个世界来说，不只是一座山，不只是一座森林，一条溪流，你已经使这片土地延续了千万年，也使这里的人们繁衍生息了不知多少代，你还是青山不老，绿水长流，你还是把不灭的希望带向田园，带向大海。

你在这大山下夜以继日，循环往复，不知疲倦地供养草木鲜花，不计得失地灌溉人们的家园。你的存在已经不是单纯的山和水，也不是单纯的石和土，你早已是这不倒的青山、不枯的泉水的灵魂。我想如果你没了灵魂，我们的躯壳还有什么意义？

云丽坑，云丽河，我赞美你的同时也看到了时代交给我们肩上的重担，爱护她，保护她，让她滋润祖先的土地，让她佑护子孙的美好生活。

云丽坑，云丽河，绿水青山何时成为金山银山，我们的村子何时又能熙熙攘攘，炊烟袅袅啊？

云丽坑，云丽河，我爱你，无论走到哪里我都会想你，歌唱你。

绿美那吉，蜜香那吉

　　春有约，花不误，岁岁年年不相负，你若约，我不误，岁岁年年人如初，山水岂止有情义，人在花丛最甜蜜。

——题记

　　那吉盛产蜂蜜，蜂蜜特别纯正，特别甜蜜，调制饮料喝特别爽口舒服，十乡八里都知道。

　　蜂蜜是蜜蜂采花蜜在蜂巢酿成的，本来是为了自身生存与繁衍的需要，后来才有人类利用蜜蜂采集花蜜。蜂蜜成了人类的甜蜜美食，而且具有非常好的药用价值。蜂蜜种类与原野山林的树木花卉有关，有什么样的花就有什么样的蜜，无花不成蜜。

　　那吉森林茂密，树种丰富，百草繁茂，一年四季无处不花开，处处风景美丽。

　　田野上，河岸边，各种花卉四季盛开，菜园里，果园里，菜花果花芬芳馥郁，田垄之间，人忙蜜蜂也忙，好一片欣欣向荣的景象。

　　山上树木遮天，每个季节都有花开，山稔花生长在低矮的山坡，每年五六月，漫山遍野盛开，姹紫嫣红，一派美丽的景象，惹得蜜蜂四处奔波。

　　山林里有各种乔木灌木，花开时节，满山清香随风飘荡，沁人肺腑。养蜂人告诉我说，春天来了，荔枝花、龙眼花、橹木花、茶花、山竹花、金银花，渲染着河山，风景亮丽，是蜜蜂拜门寻芳的大好时光。冬天来临，百草肃杀，千山萧条，那时山林没有多少花木绽放，一种叫作鸭脚木的乔木，春夏间生长出大大的叶片，青葱翠绿，亭亭如盖，到了秋冬，它却在山林里独领风骚，满树上开满黄白色小花，一团团，一虬虬，林荫中它散发出特别的芳香，非常诱人，难怪小蜜蜂从四处赶来，好不热闹。养蜂人说鸭脚木花蜜水分少，开箱的冬蜜最纯洁无瑕，具有很高的药用价值，如清热解毒，美容养颜，滋阴补肾。人饮了身强力健，精神焕发，最是有益。

为此我访问了当地许多养蜂老农。因为森林茂密，一年四季各种野花簇拥，山村许多人家都养蜂取蜜。

一天，我跟着一个掏蜂人体验深入大山掏蜜。一路上我们跋山涉水，追寻蜜蜂的踪迹。我只知道欣赏山水，他却循着阳光和风向眼观六路，耳听八方。不一会儿，他告诉我，前面已经有蜜蜂飞翔，很快会找到它的家了。果然，不出所料，他很快找到了一个石壁，并在上面向阳的地方找到了一个小洞穴，只见许多蜜蜂飞进飞出，终于找到了一个蜜蜂巢，不一会掏蜂人就把一团团的蜂蜜窝从小洞穴里摘了出来，排列在地上。让我见到，心里好一阵激动，原来在山里是这样掏蜂的。

我品尝过天然的蜂蜜后，掏蜂人告诉我很多关于蜜蜂和蜂蜜的故事，我听得入迷。他说蜜蜂会寻找到适合它们生存和发展的环境，它们天生有这种能力。它们善于找到地洞、石洞和树洞成家立业。夏天，它们在森林的各种洞里安家，特别是在溪水边，这让它们感觉很凉爽，生活的家园给了它们很享受的感觉，如果天气很热，那些工蜂还会在洞口扇动翅膀，像我们家里的摇头风扇，给家里吹送阵阵凉风，满足蜂王和其他家庭成员的纳凉需要。冬天，蜜蜂会寻找避寒宜居的胜地。

有一次，掏蜂人把蜂箱放在一个巨石顶上，那里避风向阳，很是温暖，不几天，个个蜂箱都成了一群一群蜜蜂的温暖家园。如果是夏天，把蜂箱放在岩石上，蜜蜂就会很快逃离，因为石上酷热，蜜蜂不舒服，还会被晒死，蜂巢的蜂蜜会融化，蜜蜂会弃家而逃。这给了人类许多启发，蜜蜂与环境的关系也是人类与环境的关系，都有共同之处。同时，我们可以从蜜蜂的踪迹发现森林生态的情况，蜜蜂一次出门，可飞三四千米远，但一般都是在附近采蜜，聪明的掏蜜人会根据季节的变化，关注当地花开的特点，将蜂箱安排在森林树下。在荔枝树下采的蜜叫作荔枝蜜，在龙眼树下的叫作龙眼蜜，在鸭脚木下的叫作鸭脚蜜，在木棉树下的叫作木棉蜜，在茶花丛的叫作茶花蜜，花与蜜的关系多么和谐，美极了。

他还娓娓动听地介绍着，有经验的人，一眼看上去，蜂蜜有颜色的变化，茶花蜜很是晶莹剔透，流动性好，鸭脚蜜比较洁白，比较黏稠。还分季节蜜，比如荔枝蜜是春蜜，是春天里蜜蜂在荔枝园采的蜜，冬至到立春采的蜜叫作冬蜜。他还说了个笑话，说有人不知道蜜是怎样来的，以为是蜜蜂排的屎，其实，蜜蜂采蜜是到花丛，用嘴巴衔来蜜，还有翅膀底下用爪子粘上花蜜，然后飞回蜂巢酿造蜂蜜的。

他还说，蜜蜂会分家过日子的。当族群庞大了，在新当选的蜂王的率领下，就会和谐分伙，另起炉灶，在蜜蜂王国里又多了一个勤劳勇敢的家族。说到蜂王，它起统帅作用，有强大的凝聚力和号召力，能把散乱的蜜蜂团结在自己的周围，并分配好各自的岗位，完成各自的任务，蜂王的地位是至高无上的，谁也撼动不了。但它也有老弱病残的时候，不能"执政"的时候，自然会有下属把它产的卵子搬到一间预留出来的宽大房间，这期间，养蜂师傅可以接生帮忙，将仍处在身强力壮时期的蜂王卵移动到安乐窝。那房间门口朝下，有点特别，其他的都是横向，是另类也是为了供奉的方便。这叫作"育王"。新王出生后，其他蜜蜂就会各司其职，供养好一个新一代的蜂王，开始酿蜜的新征程。

掏蜂人也很会讲故事，一说你就会领悟。他说新蜂王的诞生，也要靠智慧，如果是人工培育，一定要学会蜜蜂的经验和做法，懂得在蜜蜂身体发育最美好最强壮的时候让她恋爱结婚生子，人也是在身心发育最美好最强壮的时候结婚生子最好，等到七老八十才生子，人类的生存发展就有危机了。哈哈，人类和蜜蜂又有共同之处。

我还问了一个问题，本来人类有史以来敬重蜜蜂，也让蜂蜜为我们所用，但我们有的人养蜂唯利是图是否真有其事？他很认真地对我说，有两种情况，如果遇上冬天气候十分寒冷，蜜蜂不能出门采蜜，山林里也没有花开，这时蜜蜂受不了会被冻死，为了帮助它们过冬，养蜂人会给它们喂一点果糖或它们自产的蜂蜜，让它们增强体质战胜严寒，到第二年春天，又迎来一番鲜花盛开的新天地。但也有无良的人，贪得无厌，用果糖、凝胶和香料提炼"蜂蜜"，人吃了非常有害，必须依法杜绝。

此刻，掏蜂人显得有点气愤，说喂养蜜蜂造劣质的假蜂蜜，伤害人类也伤害蜜蜂世界。不过这样的人不多，我们那吉人养蜂是很有德行的，对我们来说，宁愿不采蜜也不伤害蜜蜂，不伤害人类。

那吉镇享有美誉的森林小镇，绿色生态建设使森林里一年四季小鸟啾啾，蜜蜂嗡嗡。这么美丽的山野，这么多蜜蜂安营扎寨，难怪附近的村民上山能掏回那么多蜂蜜拿到圩镇出售，由于蜂蜜纯正，成了抢手货，这的确是当地人赚钱的好门路。

村民还在山上，在自家的林地，甚至在自家的房前屋后，挂起蜂箱引来蜜蜂安家酿蜜。石头村还成立了养蜂合作社，发展林下经济，成了全镇"蜜业"的领头羊，起到很好的示范作用。我们很快联系到养蜂合作社的老板梁健雄，他三四十岁的模样，显然经常在野外劳动，古铜色脸庞，腰身硬朗，但也英俊潇洒，说话间流露出文质彬彬的气质。他大学本科毕业，他有板有眼地给我讲述了合作社的发展故事，也阐释了他养蜂的心得理念。他把整个身心都沉浸在甜蜜的事业中，一天也离不开蜂群。他把合作社的工作与理念用三个字概括——养、炼、品。

养，就是组织社员，遵循自然规律，科学养好蜜蜂，把蜜蜂当成家庭成员一样，热爱它们，帮助它们，为蜜蜂创造美好的家园也就是为人类创造美好的家园。蜜蜂们的每一次出门远行，都是不容易的旅程，每一点一滴的蜂蜜都是小蜜蜂辛勤劳动的结晶，它们的"社会分工"，它们的劳动成果必须受到尊重，也就是要求养蜂人热爱自然环境，做好环保，留心蜂群的迁徙，善于观察它们的生活变化，防患未然，还要不浪费半点蜂蜜。养蜂的过程很是艰辛，每一次跋山涉水，都是为甜蜜的事业做好准备，幸福和快乐也在其中。

炼，就是以认真的态度、科技的手段提炼出清纯精美的蜜糖。炼蜜有传统手工的办法，也有科技的办法。合作社是传统手工和科技的结合，这里添置了一条炼蜜生产线，这条生产线是本省最好的生产线，不但保证提高产量，减少劳动成本，降低劳动强度，更提高了蜂蜜的质量。每一滴蜂蜜的出品，都经过化验，从而保证纯度，防止掺假，装配上保证不受半点儿外界污染，讲究包装文化的表达。梁老板说，每一次的采蜜炼蜜都是人生觉悟的触动，都是道德情操的提炼。炼蜜就是炼人生，这是蜜蜂人的境界。

品，就是做一个懂蜜的人，不但要懂得蜂蜜的来源，还要学会品尝蜂蜜的品质，欣赏蜂蜜带来的文化；惜蜜，就是爱惜每一只小蜜蜂，爱惜每一滴晶亮的蜜露，做到蜂酿其蜜，人惜甜蜜，这也是一种人生态度；福蜜，我们不仅只是利用蜜蜂为我们创造美好生活，而且蜜蜂给了我们幸福快乐，我们同样要保护好它们本应拥有的青山绿水家园，福蜜才能得到蜜福，每一个尝蜜者都是有心的品尝家。

养蜂与品蜜，这是时代的康养文化，通过品鉴蜂蜜，体验蜜蜂奉献给我们的芳香与甜蜜，更感受到每一只小蜜蜂带给我们不朽的伟大精神，让我们得到灵魂的滋养，让人生得到陶冶，开心快乐地融进文明社会。梁健雄很有研究心得，并且正在构建蜂蜜文化馆，还在文旅上下功夫，创造蜜卡饮品系列，从科研到生产再到康养文旅进行系统化构建，可以预见这种甜蜜事业会给人们的生活带来美好。

花开那吉，甜蜜那吉，名副其实。有诗曰：

山泉淙淙山林密，

山花烂漫酿蜂蜜。

绿美那吉多甜头，

村民致富最积极。

山中采蜜

东坑村水景

河尾村珠环山

潭角河小景

狗头山小景

牛圹山小景

那吉山水小景

高水坑山中养蜜

河尾村仙草园

河尾村，顾名思义就是河流尽头的村落，的确，它是在锦江河一条支流的尽头处。虽然是偏远的山旮旯，但五乡十里都传说那里做凉粉的仙草（也叫凉粉草）很有名，品质特别好，做出的凉粉是一流的，谁吃过都赞不绝口。

走黄角小镇到河尾村往深山里钻的乡道，吃上一碗河尾仙草凉粉，是我的一个愿望，因为有个故事一直萦回在心头。而且我也很想从河尾村的角度拍摄恩平的最高峰珠环山（烂头岭）的风采，许多驴友都是从这个方向登山观光的，登上山顶就能欣赏恩平和阳春的美丽风景。

那一天，我与朋友一起驱车从那吉镇人民政府出发去最偏僻的地方河尾村，看看那些仙草园。从那吉到河尾村，两地相距大概30千米吧，汽车走了一段公路，很快就钻到山里去了。汽车行驶将近沙河村委会的时候，向左一拐便顺着山溪向上游小心前进。三年前，这里还是一条又窄又陡的土路，经过很多山沟，那里的路面都被洪水冲垮，人徒步都很难通过，莫说汽车了。

从分路处到河尾村大概要走5千米的山路，山路两边丛林峡谷幽深，溪水奔腾，河道不长，但落差巨大，分布着几个20世纪80年代前修建的水电站。这阴阴森森的道路，多数是河尾村村民的交通道路，进出这里的都是电站工人，或者偶尔有驴友从这里进去攀登珠环山高峰。

虽然这漫山遍野长满树木和药材，但将其运到镇上销售是非常困难的。那一次，我们的车从这里刚进山就熄火了，我们只能把车推到路边停着，然后徒步前往。一路上我们气喘吁吁地走着，好在山里凉飕飕的，才让我舒服一些。走了将近两个小时，我们终于到了河尾村。

我们访问了几户村民，然后在村主任家吃午饭，村主任名叫麦显求，他很是欢迎我们，但也有点尴尬，他五十六七岁的样子，古铜色的脸庞，略显消瘦，但头发乌黑，眼睛炯炯有神，脸上堆着笑容，让人感觉他和蔼可亲，是个忠诚老实人。这顿午饭吃得很特别，显求叔在我们的请求下，只做了白粥，蒸了山坑鱼仔，炒了咸菜。我们坐在灶膛前拉着家常，好像亲戚一样无拘无束。灶膛的炉火通红，炊烟四散，因为岁月的久远，整个屋子被烟熏得乌黑发亮，正墙上还贴着毛主席的画像，这显出了麦家对伟大领袖的虔诚与爱戴。小桌子靠墙摆放着，上面放着碗筷，一个簸箕罩着早已经蒸熟或吃剩的饭菜，本来我们是要吃这些饭菜的，但他不同意，硬是量米下锅，把家中最好的咸菜拿出来招待我们。我们在一种感动中交谈甚欢，每一句都是实话，都是从心里流出来的。

　　粥烧好了，我们一边吃着一边聊着，显求叔说他们村子周围的山地除了种杉松树木，种仙草也是祖祖辈辈赖以生存的好项目，这里因为昼夜温差大，土地又肥沃，种出的仙草特别多汁，做出的凉粉特别爽滑好吃，山外的人们甚是喜欢，只是没有通车的道路，多好的仙草都运不出去。

　　说起仙草凉粉，我就想起了我的父母。我家祖传做凉粉生意的，父亲做的仙草凉粉特别好吃，每年的夏秋之际，天气炎热，我们家里就开灶制作仙草凉粉，大半个镇子的人们都喜欢吃我家做的仙草凉粉，我父亲那时五十多岁了，为了生活，还骑着单车到处卖仙草凉粉，他做凉粉的仙草就是从河尾村买的。现在想起来，父母为了我们起早贪黑做仙草凉粉，而且备受大家欢迎，心里有种说不出的感慨。我父亲还把做仙草凉粉的技艺传给了儿女们，还鼓励后辈把仙草凉粉做出好产品，推上超市的货架，肯定大有前途。我把我家是仙草凉粉世家，父母做仙草凉粉的故事也告诉显求叔，他听着也很动容，当然也略显无奈，此时他那眼神充满了期盼。

　　朋友听了我讲父亲做仙草凉粉的故事，也更是因为显求叔讲述村上大量仙草卖不出去的事情，他很认真地说着，我那在镇上做领导的朋友很认真地听着，并说这事情请放心，我们回到镇上一定研究河尾村种凉粉仙草的事情，帮助你们组成合作社大种凉粉仙草发家致富。

这一晃，两年都过去了。我还是记挂着显求叔和他村子里叔伯婶母的凉粉仙草。我又一次进山去看望他们，这次我们是开车直达河尾村了，再也不用在颠簸的山路上推车前行了，我心里称赞在镇上做领导的朋友，说话算数，做事有力，真正想老百姓之所想，办了大实事。我现在要进村采访一下村民种凉粉仙草的事情是否落实了。到了村中，我们四处走动，觉得这里特别凉爽，风景优美，但我最想见到显求叔，可村民说他进山修水渠去了，我坐在他家门口的石凳上一边等着他一边跟邻居聊天。已经是下午3时了，我们终于等到显求叔回家吃午饭了。我们相见很是开心，还未等坐定，显求叔已经把锅中的饭菜端上来，热情地招呼我用餐。那气氛无拘无束，像亲人一样。

我直截了当地问显求叔那凉粉仙草的事，他说去年年初，镇上已经帮村里修好了水泥道路，村民非常开心，也大种凉粉仙草，结果今年合作社卖出了5000多斤凉粉仙草，每斤12元，大家收入颇丰，都乐开怀了。我马上鼓励说，明年争取卖出10000斤吧。他笑了笑不搭话。一会儿，有个村民听我们谈论凉粉仙草的事，走进门来自说他家还有好多凉粉仙草未卖出去。我赶忙跟着到他家去看个究竟。

他家的凉粉仙草堆在幽暗的木阁上，我从木梯爬上去一看，黑黑的一大堆，塞满阁楼。我当即拍了视频，准备回去发抖音宣传推介。我安慰他说："大叔放心吧，这剩下的不很多，一定能卖出去的。"说完，那大叔又领我回到显求叔家。还未等话题继续展开，显求叔已经拿着锄头镰刀出门了，笑笑对我说："你们随便家里坐，再聊聊吧，给我们出多些点子，发财最重要，我信任你，喜欢听你说话，可山里的太阳落得早，我今天得把那水渠修好，方便来年给凉粉仙草地浇水。"

我有点不好意思，觉得打扰了显求叔，他真忙，但此刻我更为一个忠厚老实、勤劳致富的乡亲感动。或者他也知道我心里在想什么，挥挥手说，明年合作社要卖出10000斤凉粉仙草呢。

我望着显求叔隐没在丛林中的身影，心里一热，高高地竖起了大拇指。

"石蛙王子"坚守山村的美梦

养好一个美梦，石蛙也为你歌唱。

——题记

吃过山里人养的石蛙，你会觉得自己尝过不一样的美食。我是带着这样的心情和向往访问了那吉山区大陂头村鼎丰石蛙养殖场的青年老板李来往、李世泽兄弟俩。

因为早几年已经接触过他俩，也知道他兄弟俩创业养殖石蛙成功，很是羡慕和赞赏。过了两年，我又萌生想法去看望他们，想必他们会更成功。

这天，我和几个同伴一同驱车前往，快到下午1时，我们来到了春光明媚的山村，远远我们看到盘卧的群山若游龙般向山村奔来，气势恢宏。层峦叠嶂之间，许多高大的乔木已经以鲜花换装翠绿，让人看后感觉到春色带来了欣赏的兴奋。

沿着小路，我们来到村边的"原始林"中，一种大树的气息扑面而来，我们顿时感到无限的清凉惬意。这种山村林木是守护家园的"风水林"，几百年来从未被砍伐破坏，有的已经两人合抱不过来，郁郁葱葱，遮天蔽日，斑驳的阳光洒落低矮的树丛，蜜蜂在花丛中飞来飞去，我们也被沁人肺腑的空气浸润，身心倍感美好。

和早两年我们来到这山沟不同的是，这里养殖场的周围种满了珍贵的中草药，树上挂着石斛，树下那些黑面神和七叶一枝花特别抢眼。见到这些不容易种植的名贵药材，我们的情绪简直有点亢奋，赶快从各个角度为这些山中"美人"拍照。像寻到宝贝一样，开心至极。一个疑问也同时出现在我的脑海里，为什么"石蛙王子"要种植这样多的当地名贵药材？当我们很想知道答案的时候，后面有一辆皮卡车轰隆隆地冲上山来，在我们后面停了下来，开车的就是我们想要找的"石蛙王子"。

他摇下车窗先跟我们打过招呼，然后才开了车门跳下来，愉快地跟我们说话，说是有事情到镇上去了半天，兄弟李世泽外出营销了，他自己现在才回到养殖场。大家围拢起来，我带头向他问好，也介绍了头一次来参观石蛙养殖场的同伴。他很快把我们领进了饮茶间，让我们坐下，然后三下五除二地给我们烧水泡茶。以前见过他，但未曾与他详谈，这一次，我打算好好采访他，我感觉到他的事迹会很感人，值得人们学习。

寒暄之后我们直奔主题，我想了解他，现在的青年都奔城市去了，为什么自己偏偏留在山村里。呷了一口茶，他用响亮的话语娓娓道来。小时候，这一带森林茂密，终年溪水淙淙，动植物繁多，用当地人的话语说到处都是野物，随便入山都可以找到很多野果，捉到各类小动物。山坑里藏着许多穿山甲、金钱龟、果子狸，溪水中、石头缝满是山坑螺，还有石蛙。那时候，山里的动植物是村民的重要收入来源。他从小跟父亲进山坑捉石蛙之类，手气总是不错，经常进山一次能逮住十几斤石蛙，拿到镇上卖钱换来生活用品。

父辈也给他讲述许多靠山吃山，靠水吃水的故事，耳濡目染，他也爱上了大山，爱上了在溪水里摸石蛙。他自豪地说，每当逮住石蛙，不仅觉得好玩，而且蛮有成就感。

20世纪70年代，由于人口激增，人们为了饱腹，为了增加经济收入，就盲目地毁林开荒，其结果是生态平衡遭到破坏，山区里的动植物种类和数量直线下降，这对于我们来说是个血的教训。山坑里的石蛙几乎绝迹了，找不到经济收入，李来往兄弟到了深圳成了务工人员。十多年的打工生涯让他目睹了大都市的繁华，也深深地刺激着他内心深处回山村创业的冲动。兄弟一商量，就毅然决定回乡利用山泉水养殖石蛙。

过去在山坑捉石蛙靠勤快也靠身手敏捷，如今养殖石蛙除了靠祖辈传授的经验，关键是技术。虽然他们都是在山林中出生长大，但对有关地形地貌气候水文知识，还有石蛙的生活习性，孵化与养殖，防病治病的技术办法等几乎一窍不通。兄弟俩就到处打听学习的地方，经过一段时间的摸索和信息积累，他们找到了福建龙岩一个石蛙养殖场，把打工得到的积累变成了学费。因为纬度气候和生态环境的相似，从小生活在山区，熟悉环境和生态系统的生物链状况，养殖石蛙的悟性一下被激发出来，兄弟俩很快掌握了石蛙的养殖技术。

回到家乡，他们便开始在村后的山坑修建简易的养殖场。可是真正开盘养殖石蛙时，事情就不那么顺利了，致富心急，学到的技术却不生效，成年石蛙不产卵，蛙苗总是长不大，喂石蛙的面包虫也养不出来，水温也调节不到位，细节上困难重重。然而，要想解决这些问题，单靠从技术到技术是不行的，还得靠心灵感悟，靠亲身经历与体验。有一回，石蛙产卵了，不久幼苗开始成长了，谁知有一天深夜下起大雨，山洪暴发，虽然平时已经做足了防洪准备，蛙场毫发无损，可是一天之后，那些让兄弟俩开心到不得了的石蛙苗全部死光，成年石蛙却没事，面对这样的情景真是欲哭无泪。经过观察分析，原因找到了，那是山洪浊水的侵袭造成的。石蛙成年后靠鼻子呼吸，幼苗期是靠鳃呼吸的，就算是细微的泥沙也会让幼苗被堵死。吃一堑长一智，兄弟俩慢慢积累了丰富的经验，现在只要走进蛙场，或在某个时辰听到蛙声的变化就知道是否出现问题，从而迅速应对管理。经过不断的技术和环境改良，现在的蛙场流水也像山溪一样终年清泉汩汩，那养石蛙的泉水完全可以用来煮茶煲饭，十分符合环保理念。

李来旺告诉我们说，他们兄弟养殖石蛙已经有十多年了，其间的成败得失，起起落落，回想起来感受真是不一般，痛苦与艰辛也不是别人能体会的。当初那几年防治病虫害，真是伤透了脑筋，甚至感觉离成功越来越遥远，有时还有点灰心，但一想到立志圆梦，就又振作精神了。他说养殖石蛙最让他懂得的是，做事情绝不能遇上困难就泄气，自信，自信，还是自信，信心满满泰山能上。

现在，兄弟俩有"石蛙王子"的美誉，养殖场已经成功了，石蛙销售供不应求。人们四处奔他们而来，有做买卖的，有求学的。我接着话题说，想介绍个青年来跟他们学习，他看看我就问那青年多大年纪，我说这与年龄有关吗？他却笑笑说开他自己的故事。

当初，他从深圳回来，满腔热情，夜以继日地钻研和工作，慢慢地，他开始熟练养殖石蛙了，营销业绩也非常不错。事情反复地做就成了习惯，美好的向往变得平凡起来，当初对石蛙养殖的狂热激情开始消退。以前在大都市生活和工作，见过的灯红酒绿，夜夜笙歌，现在变成了每天都是开门见山还是见山，大山梦开始变黑了，每时每刻接触的都是见人就躲得怪头怪脑的小怪物，石蛙曾经给的美好境界荡然无存，留给他的是大山深处的风声雨声，包裹他的是无尽的寂寞，连拍拖恋爱的机会都失去了。

但一想到从前家里的贫穷，一想到当初做出破釜沉舟回乡创业立下的誓言，只能又硬着头皮沉浸在单调的石蛙世界。这样又过了一段时间，石蛙销售成绩乐观，山窝里也有了人气，自然他和他的石蛙都成了网红，成功感驱走了吃人灵魂的寂寞。此刻我明白了，要在深山老林里办好石蛙养殖场，耐得住寂寞成了锤炼人的意志品质的关键环节。他下意识地摸了摸自己的肩膀，语言里透着辛酸与无奈的感受："哪个青年不想在酒吧喝酒，城里逛街，开着车到处兜风？既然是自己的选择，就只有无怨无悔了。"他说，到了四十岁左右，自己的性格里就多了一份沉静与淡定，对黑黢黢的大山，对活蹦乱跳的石蛙有了深深的依恋，离开一天就不舒服。每当看到人们不顾老远都进山来求学石蛙养殖技术，都从不讨价还价地抢购他的石蛙，心中得到了巨大的鼓舞，快乐和幸福感就来了。现在，他的感觉就是撸起袖子加油干。

他给我们敞开心扉，吐露了新的计划，准备开班培训学员，向有志办石蛙养殖场的人们传授技术和经验，带领更多的青年徒弟共同致富。他兴奋地说着，到了今天，他懂得培养出来营养丰富的石蛙，美味可口，每次见到大量的石蛙出栏，就仿佛在欣赏着人们餐桌上的一道美丽的风景线。他又开始到处求师学艺，目前正在和城里搞餐旅的著名厨师合作，潜心研究石蛙的烹饪技术，比如如何用合适的中药材煲石蛙汤，使食客不但享受了石蛙的美味，而且品尝后获得更好的营养价值。我恍然大悟，原来他在山沟里有选择地种植那些具有药用价值的中药材是有更高境界，其间的缘由更让我们佩服。

为了坚守大山的美梦，他又开始谋划更大的发展：一方面严格选址，扩大办好石蛙养殖场，使其更环保更科学，让创业更上一层楼；另一方面与用心求学的青年合作办场，推广技艺，带动更多的人发家致富。

这个"石蛙王子"的确有两下子，真值得人们向他学习。

几点启示

1.振兴乡村要靠青年，青年热爱家乡，热爱自然，有理想有干劲有方向，就有希望。树立青年楷模，凝聚村民力量。

2.靠山吃山，靠水吃水，这还只是一个传统朴素的依赖自然生产生存的思想意识。我们要改变山村的落后面貌，要让大家发家致富，村民的收入必须通过发展生产，追赶上城市的发展水平，否则农村就会失去有思想有智慧的一代建设者，留住乡愁，更重要的是留住人才、培养人才，有了人才，我们的青山绿水才能变成金山银山。培训出各类人才队伍，农村农业才有未来。

3.要根据山区的特点，组织好耕山合作社，形成合力，创建基地，以榜样示范作用带动产业拓展，还可以通过多种模式灵活联动，深化养殖文化，相互分享生产和生活经验，共同克服困难，争取经济发展的最大效益。

4.那吉镇属于低山区，大部分山沟森林茂密，植被覆盖率高，清泉汩汩，生物链的物种多样，有利于山区养殖产业的形成与发展，非常适合构建具有本地特色的文旅性养殖。石蛙的营养价值高，许多村民有基本的石蛙养殖经验，但要推动最大文旅和经济效益，单靠经验是不行的，还必须掌握先进的技术，形成科研、生产和销售系统，做强做大石蛙养殖产业。

5.从鼎峰石蛙养殖场的经验和经济效益看，本场一亩山坑地的产出收益不比城市办厂的差，甚至更胜一筹，需要的劳动力不多，生产成本相对低，销售更凸显市场活力，而且不破坏环境质量，更环保，更具时代生产和经营理念。

第六章

那吉山水美名扬，处处康养宜居地

那吉镇天然氧吧之体验与探趣刍议

金山银山满目春光，天然氧吧独领风骚。

——题记

最近，恩平市获得多项国家殊荣，比如"中国温泉之乡""中国避寒宜居地""中国天然氧吧""中国森林小镇一百例"，让那吉镇沾满了荣光。

本文特别要说的是，那吉镇天然氧吧的体验与趣味。

恩平市被誉为中国天然氧吧，那吉镇则是氧吧中的氧吧。

我们在那吉镇一侧，沿着潭角北后村—那吉圩—东坑村—锦江电站驿站，半环大人山南坡走了一段，串联起来感觉非常有趣，无论徒步或开车，很舒服，很精彩，山上森林树木溪水形成良好的天然生态环境，鲜花盛开的田野间乡村疏落，一派宁静，让人犹如置身世外桃源。

大人山南坡到狗头山一带，还有牛塘山、八脸岭，几乎环抱整个那吉镇，到处是郁郁葱葱的森林，森林树木不但涵养水源，杀菌灭病，还是最好的"制氧机器"，最能给人们"洗肺"，人置身其中，能起到良好的康养作用。作为天然氧吧，也说明了那吉镇生态环境保护得很好，这是对人类的重要贡献。

行走在那吉这片半山区半丘陵的土地上，确实风景宜人，阳光特别柔和，空气特别清新，凉飕飕的，感觉脸上有一股清爽的风儿漫过，大树下，小河边，到处林木葱茏，鲜花盛开，小草茵茵，这是令人啧啧称羡的风水宝地。路过贵地，人的脚步都会自然放慢，歇息在那里，做一番深呼吸，让清凉甜润空气一洗凡尘。

我们兴趣盎然地走近那吉镇西北角的沙河村委会，道路在森林中逶迤而去。来到了驻地，在我们面前忽然开阔起来，一片湖泊一样的水面被群山围拢起来，那就是闻名遐迩的锦江水库的库尾部分，水下还淹没着一个历史上的古镇清湾圩，天空白云朵朵，有水鸟在湛蓝的水面上起起落落，偶有小船划过，让人遐思飞扬。

远处群山莽莽苍苍，与天边相连，烟霞笼罩之中那是珠三角遗存的最后一片原始森林——七星坑自然保护区。它位于新兴、阳春、恩平三县市之间，大部分在恩平市，自然保护区管理处就在那吉镇原清湾采育场内。七星坑自然保护区，很少有人进入，山高林密，动植物繁多。这里山水相拥，风景优美。这里原是20世纪80年代的清湾采育场，现在成为七星坑自然保护区的管理处，也是清湾革命老区纪念公园。除了天然山水，公园里曲径通幽，茶园处处，美景让人流连忘返。我们来到一个空气质量监察点，有一个两米多高的屏幕竖立在大树下，溪水在旁边缓缓流过。最让人眼前一亮的是，那红色屏幕上实时滚动的监察数据，温度、湿度所有应该让人体验的数据都显现在上面，工作人员告诉我们这里的气温比城市里要低两到三摄氏度，所以虽是在夏天，大家也感觉特别凉爽。最让我们兴奋的是这里的负离子含量，此刻它竟然每立方厘米空气高达8000个，有记录以来还不算高，最高达每立方厘米9000多个。这块不被污染的山水，就这样适合人类康养，就这样精彩。

人在其中就获得了免费的康养体验，一个字：爽！

大人山南麓的天然氧吧，更让人有一番独特的体验。

当你进入大人山南坡观赏或研究这里的地形地貌的时候，当你寻找亚热带雨林气候下的物种多样性的关联以及生物链的特点时，你无不沉浸在一种人与自然和谐相处的美妙快乐中。这里是迎风坡，终年降水丰沛，植被茂密，海拔五百米左右的山脊上吊钟花开得特别璀璨夺目，让人倍感吉祥、美丽。君子竹是这里特有的竹子，它长得不是很高，却是十分坚定地长在岩缝，长在风口上，乍一看，郑板桥笔下的竹子竟然在这里摇曳生姿，活灵活现，山风吹过，那是一幅"远看是雪近看是竹"的美丽画卷。

这一带自古以来可以说是天然的中草药园，亚热带各种中草药都可以在这山谷找到。到处是山稔花、金银花，林下还有一片片一丛丛的通天蜡烛，令人眼花缭乱。这里地形地貌得宜，是非常令人向往的天然露营地。

大人山下地热资源丰富，正在开发旅游体验的金山温泉天然氧吧与其连成一体，当地可以综合开发利用，突出温泉文化创意，体现亚热带雨林特色，连带综合开发育种医疗保健，建设中国特色的康养乐园。由此以氧吧建设引文旅，促经济，推动氧吧文化渗透到社会主义新农村建设每一个角落，创建氧吧情怀民宿，这里天然成趣。

这里还有一个天然的古树公园北后村，原生态环境中古木参天，遮天蔽日，鸟雀欢鸣，空气清新甜润，人在树下水边无不心旷神怡。美化北后村前后以最美的风景隐藏最美的风景，给游客一种神秘感和渴望，这让整个天然氧吧景区的布局显得十分精巧，也是重点所在，这里还有天然冷泉浴的体验场景。

好像这样的古树公园还有很多，比如黄榄角古村、回龙古村、水环冲古村等，它们都连着黄角古圩，这些村落历史悠久、民风淳朴，从前到现在人们都依靠采山货发家致富，老榕树下岑圣庙旁黄角古圩并非熙熙攘攘，若你前来旅游民宿体验，定能收获满满。

那吉镇全域天然氧吧与文旅经济有着很鲜明的示范作用。在我的观察了解中，有很多地方能让人们充分体验天然氧吧作用，其中至少有十个天然氧吧极具天然康养价值。有这样的天然森林环境，独居在这样的人文乡村，这里自然就成了风景宜人的好地方，自然是游人如织。

天然氧吧创建需要理念与定位

发展天然氧吧观光体验，挖掘乡村文化，发展林下经济，那吉镇的全域文旅的确值得探秘和研究。

做好天然森林氧吧策划，可以从这四个思路出发，做到符合法律，符合自然规则，符合周边村民意愿，符合政府行政管理要求与规范。在理念上具有成熟思考，坚定山水生态文化自信。从保护恢复利用自然资源出发，建设中国天然氧吧那吉镇。以大人山南坡氧吧金山温泉氧吧为龙头，创造林下文化，林下经济，林下乐园。突出本土文化、本土经济、本土文旅。

做好天然氧吧的文旅定位。根据大人山南坡核心天然氧吧的生态环境，创建生态示范性。挖掘自然素材，创设形成上游产品，从而产生外围的下游产品。上游产品突出示范性的同时创收，下游产品突出创收的同时体现示范性。

提供思想理念支撑。理念要先进，具有与时俱进的思想情怀，巧用天然森林生态环境，护河溯源，山林养河，林河育田，打造林下文化，林下经济，林下乐园。做一部可观赏、可阅读的自然大书。

我们的理念源于人类与自然的关系，许多地方已经恶化到了严重的地步，我们的生存和发展必须促进人类与自然的良性循环，我们这方山水因为人民的努力，得以成就和谐的生态环境，大美山水的确让人陶醉其间。

挖掘保护利用和发展历史文化资源及生态文化资源，把恩平市大人山南坡那吉镇一侧打造成极具科研探索和文化探索的文旅载体，创设天然森林氧吧，以大手笔做有大格局的而且富有诗情画意的文旅文化，使之成为大湾区具有独特影响力的文旅明珠。无论是遵从自然还是彰显人类保护生态功德，都有大利可图。

创建天然氧吧的总体原则与思路

突出自然森林氧吧的自然和谐与观光性、康乐性、文旅性，以恢复保护利用生态价值、科研种养为主，突出示范性，倡导研学先行，符合大湾区和恩平市文化和全域旅游经济发展规划，符合当地政府的规划和建设要求，符合当地人民群众的利益，符合政策法规，符合天地人和谐共生的自然法则，汇聚道儒法三家精髓，彰显中华瑰宝与平凡。

（一）策划思路。研究贯彻当地政府文旅发展内涵，清晰围绕利用"中国天然氧吧，避寒圣地，最美森林小镇，那文化"推动当地特色文化和经济发展。清晰围绕利用两个文化区块：一是那吉镇和大人山历史文化区块；二是那吉镇和大人山南坡生态文化区块。在那吉镇政府主导下深刻领会天然氧吧的内涵，牢固树立天然氧吧理念，开创天然氧吧新模式，打造林下文化、林下经济、林下乐园。

1.林下文化。保护利用亚热带动植物的多样性的办法，这是当地的传统习惯，嘉禾献瑞，退耕还林，也是当代的观念和做法。

2.林下经济。突出种与养，中药基地，花果山之山稔、梅杏、李桃、乔木、灌木、花树，木耳采集与种植，山坑鱼、龟、石蛙、螺的养殖与孵化，山鸡、鸽子养殖。

3.林下乐园。自然性文化内涵独特的天然氧吧，大人兴雨古代求雨坛，大人兴雨诗歌墙，嘉禾庙嘉禾亭，特色露营生活，观光与康养相结合。

（二）策划要求。时代性，区域特色，具体实用。先做有格局的文化，再做有特色的原生态自然氧吧文旅。以大人山自然氧吧为例做出示范性效应。示范性达到大人山自然氧吧母体文化与全镇各子体氧吧文旅项目结合形成独特科研性和文旅实践性。大人山南坡作为母体文化的挖掘、保护、利用和发展，不以赚钱为目的，同时作为全镇文化经济发展支撑，以影响力展示国家和国际示范性，各子体天然氧吧文旅项目形成上游项目的总体格局，推动下游文旅经济发展，以发展经济为目的，打造天然氧吧社会主义新农村。

文化区块分析

那吉镇和大人山历史文化区块，当地人是怎样探索自身与自然的关系，特别是与森林和气候的关系。那吉那文化典型代表是云丽石头村村史文化，梯田文化就是典型的和谐生态文化，城围村村史文化：何仙姑仙人塞海，北后村由云丽村迁移，文化同宗同源，故事集中且丰富，如大人兴雨古代求雨坛，都是天人合一的体现，鹊窦与吉祥美丽吊钟花引发的民俗，还有采集狩猎的生产生活方式形成的保护和利用森林资源的社会实践，表现出人文与自然的和谐统一，无不体现人与自然同兴衰共命运的关系。那吉镇和大人山南坡生态文化区块，地质结构独特，属于太平洋大陆和亚欧大陆板块碰撞地带产生的华南从化温泉到雷州半岛断裂带，地热温泉非常丰富，那吉温泉自古就为人所用，加上地形气候因素，那吉金山温泉是国家最早命名的温泉之乡之一，现在又被评为中国避寒圣地，突出亚热带山河风光与人文文化。大人山横亘东西，来自南海潮湿气流被抬升，自古以来降水丰沛，气候温暖湿润，植被茂密，林木种类丰富，比如古樟树、水瓮树、松树、紫杪椤、马蹄薯，各类灌木，奇花异卉特别多，以吊钟花、禾雀花、金银花、山稔花闻名遐迩。亚热带中草药繁盛，药用价值极高，气候涵养出一个全镇中草药天然园区。由于气候地形河流涵养，丰富的森林负离子含量极高，号称国家森林小镇和中国天然氧吧。自古以来，这里的村民种植水稻和番薯豆类。动物种类繁多，山猪、野羊、穿山甲、南蛇、山鹰众多。所有的河岸道路两边树美、花美。

历史文化资源的保护利用和发展具有非常高的价值，兼具传统和时尚的可行性。这种可行性具有广泛的社会性，可以形成独特的生产方式和生活方式。自古以来，这里的村民以峒而田而居，水田稻作为主、旱作为辅，村民熟练于山林护养与利用，草药山货采摘，山野捕猎，水面河流放养鹅鸭，养猪和狗养狩地鸡。生产方式直接造就了生活方式的淳朴与简约。古代乡村大多面山而居，环境封闭，就地取材，所以多有石头村、木头屋、泥砖屋、茅草屋、木头桥、石头桥，村民自烧瓦窑，居住简陋，木梁土瓦近乎原始，每日粥饭，糍粑多样，村中还留有古老的祭天求雨供奉健康财神习俗、契老榕、契桥头、契石头，民俗独特，具有保护和利用价值。这些本地的传统文化与故事，更能让天然氧吧赋予美好的人文内涵。

创设天然氧吧的核心表述

保护恢复与利用，突出种与养。

（一）种，恢复与种植以生态价值为主的林木，着眼于未来，这是从植被生态层面考量与运用。在这个天然氧吧中，根据天然生态资源和环境特点出发。

从发展的角度着力打造具有生态意义的花果山，开辟中草药园，种植本土经济林木，青梅、桃花、李子、开花乔木与灌木，高低分明，错落有致，高质量创造林下经济，开发天然氧吧文旅。

（二）养，养好我们的山山水水，特别是自然山坑。养山泉水，养风景林木和石头。养好每一条自然山坑的旮旯旯旯。那吉镇由于地质结构的作用，山石多以花岗岩、辉绿岩为主，山坑藏着许多丰富多彩的珍稀奇石，山坑林木葱茏，流泉飞瀑非常壮观，许多地方都是天然的游览胜地，只是躲在深闺人未识。

我们要研究养什么，怎样去养，这是很关键的。

我们应该创建大人山南坡亚热带天然动植物园。与相关部门联合，开展大人山动植物研究。主要研究大人山亚热带动植物的分布特点，以及其形成的生态链，打造成华南地区著名的自然生态植物园，保护和培育原有的生态环境和生态链。培育特色吊钟花、山稔花、禾雀花、君子竹、木耳、青苔地衣等本地驰名植物，推广种植，研究与产出本地中草药，发挥研学和推动特色经济发展。突出天然生态性，追求原生态环境的科学保护和文化利用。

养好动植物，特别是珍稀动植物的保护，要有措施有办法，要发挥带头示范作用，养好山泉水，养风景林木和石头，这不但具有生态价值，而且可以带动乡村文旅，带动林下经济发展。

加大对古树公园的保护和建设力度，这很有意义。全镇许多村落都自觉保护和维护村外森林，制定乡规民约保护村民安身立命的"风水林"。榕树、樟树，各种天然林木自由生长，高大参天，一派欣欣向荣、茂林嘉卉的景象。这是传统文化发挥的作用，也是村民认识自然生态，保护生态环境的重要举措，森林树木能涵养水源，过滤空气，杀菌灭病，夏秋能抗击台风保护家园，冬春防寒，整个森林鸟语花香，美不胜收，这一点村民有着深厚的共识。

森林草地保护和建设也是美丽乡村的核心组成部分。我们可以从中得到启发，大力建设和推广好各村的古树公园，使之成为活的教科书，对青少年来说是一个生动形象的直观的生态教育，这是功在当代，利在千秋的美好大事。古树公园的建设有着深厚的群众基础，我们要保护好他们的积极性，使古树公园建设顺理成章。

我们还可以把古树公园打造成天然氧吧体验观光点，挖掘当地的传统文化，整理当地的故事，有针对性地增添配套的公共设施和服务设施，搞好乡村卫生，甚至创建本土特色的民宿，发展古树公园的氧吧文化，可以发挥一村一品的特色，开发旅游线路，串联乡村古树公园天然氧吧，做出有那吉独创性的文旅。古树公园的建设的确具有文化经济生态环境的综合开发价值。

天然氧吧模式

模式一：独特的牛塘山天然氧吧。那吉镇许多古村都是天然大氧吧，长期以来，这里的人们的生产与生活都自然而然地形成靠山吃山的习惯，他们祖祖辈辈的习俗与传统文化天衣无缝地融入了山村的一切，并产生了社会活动，形成有趣、有效的康乐活动的体验环境。牛塘山北麓有水环冲、黄榄角古村，是再好不过的选址。黄榄角村已有八百多年的历史，老村已成为残垣断壁的"艺术宫殿"，树木已经和墙壁长在一起，窗台已经被野花簇拥，村边老井充满故事魅力，村后小山塘倒映着美丽的牛塘山，周围到处是野板栗、香樟，还有一排排喊不上名字的古树，作为天然氧吧环境非常美妙。水环冲村是从山上迁徙下河边的一条美丽山村，有非常动听的爱情石、晒谷石故事，凝聚着一代代族人的精神。可谓是天光水色，人文荟萃，交通通信方便，是民宿地点的最佳选择。选择这一方山谷乡村，从一个观光点到另一处农家乐，一段林中环绕碧溪小路，经过一片田畴一片花丛，徒步中路两边风景让你美不胜收，其间牛塘山一个个小瀑布，一个个小型特色美食山村茶寮很有特色，在那里休憩可以听音乐，也可以在图书角翻阅画册，读诗吟哦，突出精神康养，再美好不过，确实是城乡人们追求美好生活的品质体验。

模式二：牛塘山南坡惹人陶醉的天然氧吧。这里是山谷与乡村田园观光点，乡村农家与山涧泉水淙淙组成一道风景线。山上壮观的梯田层层叠叠，令人向往。除小菜园（小稻田，可供劳作与收获）、小型农家乐群落（配有读书间，非常安静，娱乐以欣赏山水风光为主）外，还设有小型健身点（房），同时接近山村，数星星读月亮，创设精品汽车露营地。

例如，石头村云丽坑天然氧吧，就是这样的环境。那些被森林覆盖的梯田仍然生长着许许多多的精彩故事，石头村早已是名声在外的故事村，它的每一个石头，每一条巷道，都被历史悠久的农耕文化浸润，你来过就是诗和远方。新屋村、石头村文化廊与美食、农田稻作文艺，良皮村旅游美食巷、树下经济，儒乐村乡土美食、大番薯与腊鸭节文化，诗湾摇橹的那吉河，这里所有的天然氧吧人文文化景观，每一个山旮旯，每一个古朴的乡村都给人以心灵的浸润与陶冶。

创建天然氧吧需要行为规范

不搞伤害性建设，努力做好区域特色的关联性，人工修整动植物观赏园区及其小路，制作好相关的画册和小视频，做一部可观赏、可阅读的自然大书。

想要使人类前期保护利用性的投入变成后期的"天然化"，首先就要从原生态植被护养开始，对环境质量相对差的环境，人工融入改造，令其生态再生与复原，甚至变得与天然浑然一体，达到生态环境的相对天然化。

最有意义的行为并非只是为经济的花果山林木营造，花果山同样是以生态环境质量至上。恢复原生态植被，把山坡地发展成森林经济的示范区，绿化美化环境，保持水土与相对的经济活动与文旅活动的有序与科学，突出示范性。大力研究适合本地周边种植的果树与经济林木，全面美化环境，引导扶持农民利用自留地，种养结合，公司推销，深化形成公司＋农户共同致富的模式。

当地可以利用本地气候水源土壤的优势，利用村民热爱中草药，习惯使用中草药的传统文化氛围，拓展中草药园，产生林下经济的增长点，并为天然氧吧文旅制造研学观光点，一举两得。研究本地亚热带植被特点，在保护利用天然品种的基础上，形成园区经济林模块，做好管理参观森林的路线设计，突出示范性作用。

在这里，我们首先要遵纪守法，建立保护利用的制度和措施，其中建立乡规民约是极其重要的。

做好布局规划，做好保存利用和开发那吉镇全域旅游的创意方案，追求生态的原始性，体现人类生产和生活的文化初衷，发展人类植被文化与氧吧文化，突出林下文化、林下经济与林下乐园的着力创造，尝试全域旅游新思路，为那吉文旅资源的保护利用和开发抛砖引玉，做出示范性贡献。

得益于优越的气候生态环境、有力的环保措施，那吉成为不可多得的养生胜地。根据《养生气候类型划分》，那吉地区具有冬令避寒、游赏乐养、富氧康养等特征。

根据世界卫生组织的界定，清新空气的标准为每立方厘米空气中不低于1000个负氧离子。那吉负氧离子浓度年平均值高达每立方厘米2000多个，远高于清新空气的标准。2021年，那吉空气优良天数占全年比重的98.6%，空气质量指数（AQI）达标天数360天，对康复休养、调养身体非常有利。

山有夏花

牛圹山花开

山村果园

森林氧吧观察点

果园小景

天露湖小景

沙河小景

民宿小景

民宿小景

珠环山小景

沙河，我向往的天然氧吧

康养的不仅是肉体，更重要的是精神。

——题记

我是农民子弟，出生在山村，对大山和溪流都很熟悉。我离开森林小溪，离开鸟语花香的家园已经有50多年了，已经作为一个城市退休人。在我的身心里虽然浸泡有城市味道，但乡愁还是笼罩着我的灵魂。我时不时要回到家乡小住，在儿时生活的地方我还是停不下脚步，到处跋山涉水，投入宁静的森林，陶醉于鸟语花香之中。

我想起我高中时的老同学黄佳来，他住在离我将近30公里路的山村，那是一个叫作沙河的偏僻地方。

我决定以徒步的方式去拜访老同学，一探他目前的生活状况。从早上6点出发，我沐浴着阳光兴致勃勃地出发了。走到下午3点左右，我来到了沙河这个只有20来户人家的小山村。

沙河很美，山区森林郁郁葱葱，山溪流水淙淙，一条20世纪留下的小桥穿过沙河湖，人站在上面可环视四周群山，看水面十分宁静，听山谷鸟音啾啾，被沁人肺腑的凉风吹拂着，悠然自得，人生的负担蓦然放下，换了一副身心。

我在村口的一排树下独步，忽然想起读过的《瓦尔登湖》，它是美国作家卢梭的名著，描述了19世纪初期他离开了城市，在瓦尔登湖湖畔一片丛林中生活过一段时光，用现在时髦的语言说，他寻找到了他的诗和远方。在几乎独处的日子里，他有过许多人生的思考。作者把这次经历称为简朴隐居生活的一次尝试。

在这样的经历中，看得出作者崇尚极简生活，认为人生只需要食物、栖息处、燃料，以及对人对事的诸多感悟。这一片宁静森林与湖边适合独处的时候慢慢看书，慢慢品味人生，人与美好的环境相融，自然不会觉得枯燥，沉浸其中会觉得越来越有意思。

作者在这里过滤着自己的心情，沉淀自己思想情感，当然也与新的邻居，比如渔民、猎户、诗人和哲学家各类人来往，一起交换生活的意见，因为作者认为来到这个森林的人，都是"朝圣者"。

流连在沙河这个天然氧吧，在湖边翻阅书籍和吟哦新诗，我同样感觉特别舒服，更佩服《瓦尔登湖》作者的目光真的具有时代的穿透力，似乎也看清了我们现在许多城市人的内心。这个美丽的沙河湖和瓦尔登湖的确让我感到一种环境的相似。时代是不可同日而语，但人的心灵深处是一样的。

还未进村找到老同学，我已被眼前的美景诱惑，企图找到灵魂的支撑。当我走进村子时，鸡犬相闻的情景又在眼前出现，最让我激动的还是对面走来一个老头，他像是耕田回来的样子，肩膀上扛着锄头，手上拿着镰刀，腰间驮着刀篓，相遇时我发呆起来。我简直不相信，这不就是我几十年没见的老同学吗？

同学相认，好一番激动。不一会儿，我跟着老同学回到了他的家里。那是一座黑黢黢的低矮瓦房，老同学往门口墙上挂好竹帽就把我迎进家里，那家中到处堆放着杂物，人在里面转动都不方便，一股令人不爽的味道钻进鼻子，当然我只能接受。

老同学搬来凳子让我坐下，一边聊着一边洗米下锅，要给我做饭呢。

这顿饭，我敢肯定是他把家中最好的美食拿了出来招待老同学了，有小鱼干，有猪肉干，还有酸菜，还有蜜糖茶。最过瘾的应该是他翻箱倒柜搬出了一瓦罐自己泡的药酒，不由分说给我倒了一杯，然后他自己也来一杯。

精彩出现，饭热酒酣时刻，老同学脱了衣服，扛着膀子在斟酒。此时我眼睛都睁大了，坐在我面前喝酒的老头简直就是个瘦骨嶙峋的猴子，他除了深眼眶，皮肤下面我估摸他是没肌肉的，看着那几乎裸露的排骨，我心里感觉不是滋味。

我问他是否健康,他一口闷了一杯酒说从未去过医院。我问他有钱吗?他笑笑说有,拥有100多亩松山,积攒了100多万元,去年全给孩子背走了,说是到城里买房呀。我继续问怎么不跟孩子进城?他摸了摸胸口窝下面的排骨,还有点善意地反唇相讥,进城?我可不习惯,说我退休了也还不是回到山村,他接着滔滔不绝地说山里夏天晚上睡觉还得盖被子,凉爽得很,每一天过着日出而作日落而息"乃不知有汉"的生活,每天只知道砍树割草,从没有想过去北京旅游,更没有想过去欧洲看看,一年到头让生存融入青山绿水中,没了一点向往城市的想法,让自己的身心随山水流转,神仙一般。

他又邀我举杯,小酒下肚,他说自己也见过许多各种各样的人来到这里,有的甚至借农家住下来玩几天,都是城市的人,有青年,有中年,有老板,也有做领导的,反正都是有钱有脸的一类人。那些人最满意这里的生态环境,他们觉得这里的空气都是甜的,白天阳光十分温柔,夜晚月亮无比明亮,他们都谈笑风生,我特别喜欢找他们说话,都一个个温文尔雅的,他们很喜欢了解这里的一切,到处留影拍照。

他们也喜欢在空阔的地方捡来柴火,埋锅做饭,嘻嘻哈哈,一天快乐地过去。"这世界也是有点变了不是?"他很开心地问我。我说这应该是又一次时代进步的开始吧。过去乡村的人们因为生活的困苦,无论读书成才还是进城打工赚钱,都是为了逃离农村,过一种文明而美好的生活,以居住城市而自豪。

习惯了必然滋生厌倦,慢慢地城市人口暴涨,到处是汽车,到处是工厂,环境污染严重,许多人又受不了,又开始回归乡村,沉浸乡村的宁静与安逸。

走近沙河就有这种感觉,这种感觉也确实非常好,人生脱离喧嚣,似乎一下子就回归了自然,回归了本性,尽管我读了许多书,见过许多世面,也不明白自己的心灵世界,在都市里越活越累,非要找一片山水过滤自己身心,找一片宁静让自己沉浸其中。

我和老同学一直开心地喝着小酒,别无他念,有点过瘾。

中草药王国引领林下的经济发展

最近一段时间，为配合那吉镇党委和政府"绿水青山环绕乡村振兴"战略计划，有一群当地青年正雄心勃勃地策划着打造亚热带中草药王国，引领那吉镇林下经济的发展。

他们天天跋山涉水，在那吉镇全域到处奔忙。开展深入的多层次相关资源调研。他们发现那吉森林小镇亚热带中草药资源极为丰富，从综合情况来看，本地多个片区山地小盆地非常适宜建立中草药科研和生产基地。他们的思路清晰，行动积极，为大家树立起榜样。

同时，当地对中草药的采集、种植和加工有着深厚的群众基础，经验十分丰富。那吉镇在历史上有多个中草药生产基地，可以说"山岭水边中草药，村村寨寨土郎中"。关于利用中草药治病救人的故事不胜枚举。

传统中草药基地交水坑、东坑等地已经形成规模，影响很广。只是后来由于各种原因，慢慢地停止了发展的势头，但中草药的文化已经浸润了全镇上下。随着形势的发展，现在重启中草药基地的发展更具时代意义。

其中尤以"两山两坑"（九头山、牛塘山，高水坑、七星坑）一带自然条件和当地的中草药种植和使用文化源远流长，容易切入创建亚热带中草药基地。

整个那吉山区的地理环境，无论是地形、土壤、气候、人文还是本地山区人民对中草药传统文化的渊源和影响，中草药基地的创建都有着得天独厚的条件。还能引领本地山区对森林小镇的生态环境保护和开发示范，特别是对生态植被丰富的七星坑自然保护区、清湾沙河河尾片区、黄角九头山南蛇田片区和黄榄角古村水环冲鸭颈交水坑片区中，数千种亚热带中草药的保护开发利用有着极其丰富的生态建设意义、经济意义和中药研究和开发利用价值。

以水环冲为例，范围包括整个鸭颈盆地、牛塘山、茅坪山、高水坑、黄角古树公园四周乡村，有着中草药种植和利用的传统文化涵养，社会群众认识基础非常好。水环冲村的林下经济发展早已有一定的群众基础，村民自发大力种植具有传统药用价值的水环冲茶，在防病治病时代起着良好的作用，村民对栽培种植板蓝根、仙草、淡竹叶、七叶一枝花、金银花等很有经验。同时，本地山区隐藏着许多奇特的中草药，十分值得保护开发。村民觉悟很高，更难能可贵的是，近两年已经自觉开展相关的基础工作。

发动群众，以水环冲村为核心地带开启亚热带中草药基地项目，然后串联整个鸭颈村长塘村、大陂村、水禾田村、羊栏村，自然形成一个有群众基础的中草药园基地，目前水环冲村民热情高涨，正在自觉行动起来。以点带面，进而影响黄角清湾那吉全镇，从规划主导出发，做好立项，真正做出有规模，有亚热带特色，有保护开发利用价值的示范基地、集约生产基地、科研基地。

创建示范基地，从三个方面展开工作，对原生态的本地中草药分类，制定保护措施，重点科技类挂牌保护，这是基本工程。创立牛塘山周边南侧云丽坑北麓黄榄角水环冲鸭颈盆地中草药大观园（尤其是黄榄角草药园有着天然优势并容易设计示范），集中景观式栽培本地经典中草药，对游客特别是中小学生起教育作用，形成生动形象的第二课堂。建设一个以中草药基地为主体的乡村旅游胜地，中医中药民宿康养大景区，通过中草药基地和旅游布局，大力促进本镇的经济发展和美丽乡村建设。创立科研科普基地，与相应的科研单位和中医药院校合作。建设中医药生产基地，与相应的中医药生产厂家合作，发展祖国的中医药事业。

山上河边中草药，村村寨寨土郎中

那吉镇都是低山丘陵地区，地形上东北部受横亘东西的天露山余脉大人山的阻挡，南坡气流被抬升，降雨丰沛，亚热带雨林植被茂密，中草药繁盛。

原生态植被隐藏着无数的宝贝和无穷的财富。那里生那里种，然后成为独一无二的风景线。就地取材，容易生长管理，特色明显。中草药种类丰富，金银花、金线兰、野灵芝、蛇菰（文王一支笔）、金刚藤、黑面神、七叶一枝花、巴戟天、洗锅花、凉粉草、五凉草、板蓝根、淡竹叶、姜树、和善藤、酸树果、禾雀花、山稔花、地稔果、三丫苦、野橘子、山竹果、大孬果、山蕉果、黄狗头、老鼠拉冬瓜、石黄皮、石茯、土茯苓、山姜花、山麦冬、马蹄薯、山茶花、半边莲、独角莲、狼毒花（蚁芋头）、水杨梅、水翁树、臭屎茉莉、七姐妹……

奇花异卉，漫山遍野，成了闻名遐迩的中草药之乡。

居住在这一带的山村人家，没有不认识中草药的，许多人还懂得用草药来治病救人，相当多的家庭都藏有祖传秘方。可以说山山岭岭中草药，村村寨寨都有土郎中，这是非常重要的一支活跃在民间的非遗传承队伍，应该引起各方的高度重视。

这些从来不显眼的土郎中，走在山野间，自己学会辨认草药，掌握了前人治病救人的秘方，若遇上有乡民被毒蛇咬伤或得急病，他们知道了就会见义勇为，出手相助，救人于危难。

这样的故事很多很感人。曾经有个外地的小孩，因得了疑难杂症，到处求医问药，也在大城市医院治疗很长时间，都不见好转，医院在毫无办法的情况下，劝其转院回家。孩子一天天消瘦，不吃不喝，呼吸微弱，屁股都没肉了，小身板真像一个马骝，眼睛闭上都懒得睁开，小脚浮肿并开始腐烂，真是危在旦夕，父母焦急万分。

一天，有个亲戚带着这样不幸的事情到处寻找土郎中，踏破铁鞋无觅处，得来全不费工夫。与他一起在工厂打工的一个工友知道后，问过病情，估摸着说这可能是得了"马骝甘"，于是介绍去他村里，找一个姓梁的土郎中。

那天，土郎中看完孩子的病情，很快就肯定孩子得了"马骝甘"，再不及时医治就危险了。因为治疗五六年了，一点也不见好转，家人都被折磨得失去信心。土郎中微笑着安慰他们，并开了祖传的中药。土郎中很快把草药磨成粉末，当即拌了开水给孩子喂了几口，然后嘱咐孩子家属回去后怎样给孩子敷药服药，经过一周的治疗，孩子慢慢好转，不久就痊愈了，20多年过去了，那孩子长成了英俊潇洒的青年。家人逢人都赞这个土郎中救了孩子的命，是再世的华佗。

像这样的土郎中，那吉镇比比皆是。他们是靠祖传秘方，靠师傅指点辨认草药，靠经验医治疑难杂症。虽然科学性不够，但这种乡村"医学"的传承，特别是中国民间悬壶济世的精神，已经发扬光大几千年，到如今更值得我们研究开发。

像这样靠祖传秘方治病救人的故事很多。我记得九岁那年，我母亲右脚板红肿得很厉害，不久就化脓长了毒疮，人们叫作"穿盆"，如果不及时医治，脚板就会烂掉。母亲不能下床，整天痛得难受，再加上5个儿女要吃要喝，不能做半点家务，她整天以泪洗面。那时家里又穷得叮当响，去不了大医院治疗。幸好本村有个好心的土郎中，他知道我母亲的病情后，二话没说，就拉着我父亲就到山上挖中草药，回到家里又敷药又煲汤给我母亲浸脚，同时在家人的悉心照料下，母亲的病很快痊愈了。

母亲也是懂得用中草药治病的土郎中，她还喜欢到山上挖来草药种植备用，我知道她种了许多何首乌和其他草药。有一次，我得了伤寒病，躺在家里不能上学，母亲得知后马上到村后砍来"蚁芋头"，学名叫作狼毒，有微毒，人碰上它的汁液会过敏发痒红肿。母亲大胆给我煲水饮了，并且还切片经火烤过给我往身上涂擦。她告诉我，如果不痒那就是药力有效，如果痒就不是伤寒。第二天我果然病好能上学了，真灵验。

母亲是个热心肠的人，她可以放下家里的事情先去帮邻里的。谁家老人孩子有不舒服的地方，她知道了，一定会上门给予帮助，谁染上感冒头晕身热，她就到野外找回草药，给人把病治好。

在我们家乡，像我母亲一样的土郎中真是不胜枚举。

白花蛇舌草

抱树莲

扁担藤

车前草

臭屎茉莉

穿破石

地稔

独行千里

杜仲

凤仙花

骨碎补

过岗龙

过山风

韩信子

和善藤

黑面神

黄基子

鸡骨草

鸡血藤

假苹婆

假鹰爪

金纲藤

金钱草

姜黄

无患子

牛大力

金银花

金樱子

猫须草

磨盘子

蒲公英

七叶一枝花

石橄榄

石斛

石黄皮

石面红

伸筋草（石松）

野生酸海棠

酸藤果

天门冬

蛇菰（通天蜡烛）

田基黄

土茯苓

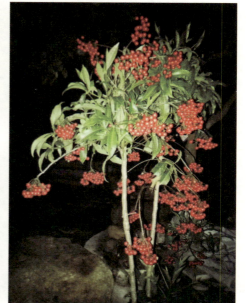

朱砂根

五凉草

五指毛桃

羊齿兰

玉盆（土名大孬）

巴戟天

那吉民间中草药治病的故事

车前草的故事

中国文化博大精深，在中医上也得到展现。很多药材名字的由来都有一些民间传说。下面就讲几个关于药材名字的中医典故。

车前草，相传尧舜禹时期，江西雨水过多，而河流因泥沙淤阻，致使逐年发生水灾，老百姓的水田被淹没，房屋被冲倒，无家可归。舜帝知情后，要禹派副手伯益前往江西治水。他们采用疏导法，疏通赣江，工程进展得很快，不到一年就修到了吉安一带。当年夏天，因久旱无雨，天气炎热，工人们发昏发烧，小便短赤，病倒的人不计其数，极大地影响了工程的进展。

舜帝知道后，派禹带医师前往工地诊治仍无济于事，急得禹和部落首领伯益在帐篷前来回踱步，坐立不安。一天，一位老大爷捧了一把草要见伯益将军和禹，禹命老大爷入帐，问其何事，老大爷说："我是喂马的马夫，我观察到马群中有一些马匹撒尿清澈明亮，饮食很好，而有一些马匹却不吃不喝，撒尿短赤而少。原来那些饮食很好的马经常吃长在马车前面的这种草。我就扯了这种草喂那些生病的马，结果第二天这些病马全好了。我又试着用这种草熬成水给一些有病的老人喝，结果他们的病也好了。"禹和伯益听后十分高兴，于是命令手下都去扯这种草来治病，结果患病的士兵喝了这种草熬成的水后，不到两天就痊愈了。

甘草的传说

从前，在一个偏远的山村里有一位草药郎中，他总是很热心地为人治病。有一天，郎中外出给一位乡民治病未归，家里却来了许多求医的人。

郎中妻子一看这么多人急等着丈夫治病，便暗自琢磨：丈夫替人看病，不就是那些草药吗，我何不替他包点草药把这些求医的人打发了呢！她忽然想起灶前地上有一大堆草棍，拿起来咬上一口，觉得甘甜怡口。于是，她就把这些小棍子切成小片，用纸一包一包地包好，发给了那些病人。

过了些日子，几个病愈的人特地登门来答谢郎中，说吃了他留下的药，病就好了。草药郎中一听就愣住了，而他的妻子却心中有数，赶忙把他拉到一边，小声对他如此描述了一番，他才恍然大悟。

草药郎中又急忙询问那几个人的病情，方知他们分别患了咽喉疼痛、中毒肿胀之病。此后，草药郎中便在治疗咽喉肿痛和中毒肿胀时，均使用这种"干草"。由于该草药味道甘甜，郎中便把它称作"甘草"，并一直沿用至今。

独行千里的故事

相传古代有一支军队行军打仗，没日没夜地急行军，有个士兵得病倒下了，他膝盖红肿疼痛难受，体力不支，只好脱离队伍。离开队伍后，他觉得自己未能上前线杀敌报国，身心无望。

一个从路边经过的老人知道情况后，马上把得了伤病的战士背回自己的家中，一番安慰之后，让家人好好照顾战士，自己背着背篓上山挖草药去了。太阳下山之前，老人家回来了。

很快，他把草药整理好后给战士治疗。这样，经过老人半个月的悉心照料，战士的伤病被治好了，脸上红光焕发，体力得到了很好的恢复。于是他在老人的期望中，独行千里追赶前方的队伍，实现自己为国作战的心愿。这根草药和秘方就这样连同被他治好伤病的英雄故事流芳百世。

说到药用，独行千里具有补充营养、消肿止痛、治疗风湿性关节炎的功效与作用。补充营养，独行千里能为人体补充丰富的营养，特别是氨基酸、有机酸和生物碱类物质的含量高。消肿止痛，出现无名肿痛或者咽喉肿痛时，都能直接用独行千里来治疗，能缓解肿痛症状。治疗风湿性关节炎，独行千里是治疗风湿性关节炎的常用药，能减轻关节炎的病情。

七叶一枝花的传说

七叶一枝花对于那吉人来说是十分稀罕和神奇的草药。

很久以前，七星坑山区住着一个青年，父母早逝，又无兄弟姐妹，靠上山砍柴为生。一天，他在砍柴时，草丛中忽然蹿出一条毒蛇，还未来得及躲避，他的小腿就被毒蛇咬了一口。不一会儿，他就昏迷在地，不省人事。

说来也巧，这时天上的七仙女下凡，正好脚踏彩云来到山溪洗澡，看到了昏倒的青年，便动了恻隐之心，她们将他围成一圈，纷纷取出随身携带的手帕盖在他的伤口四面。更巧的是，王母娘娘这时也驾祥云到此，于是随手拔下头上的碧玉簪，放在7块手帕的中央。伤口得到了手帕和碧玉簪的仙气，蛇毒很快就消散了，青年慢慢清醒过来。一瞬间，那手帕和碧玉簪一起落在了地上，马上变成了7片翠叶托着一朵金花的野草。青年惊呆了，仿佛刚做了一场梦，又看看自己的小腿，了无伤痕。他想是这美丽的野草救了自己。于是下山后，他给村民们反复讲述被蛇咬伤后获救的奇异经过，并带村民上山认药。村民们推测说，这药草蕴含仙气，能克蛇毒妖魔，故而每遇有蛇咬伤患者，都采挖此药，并获神效。当大家好奇地询问药草的名字时，青年想了想说："七叶一枝花。"

一煲靓汤美名扬

那吉民间的药膳同源，追求的是一种生活的境界。我来到那西牛塘山下的石头村，走进一家茅檐低矮的农家院落，主人热情好客，落落大方地接待了我们。透过庭院，我看到一条小河在旁边缓缓流过，岸边有一排水瓮树，一处处的野花簇拥着，我看到大树底下有农家乐餐厅，游览了一天，我们确实是有点饿了。问了主人说欢迎我们品尝山野美食，大家都很乐意围桌坐定，一番茶水工夫，我们让主人推荐菜谱，他指着院子里摆放的山货对我们说，欢迎品尝一下山里人的一煲靓汤，石橄榄、石黄皮、石仙桃、石茯，或煲鸡或煲猪骨头。他如数家珍地介绍着，而且还带劲地添上两句广告词一样的美丽言语，"健康煲靓汤""一煲靓汤，佑护一生健康"，我笑笑，马上赞扬主人会说话，言语都跟潮流走，真可谓美言一句三冬暖，热情的推荐惹起了我们的食欲。

听着，我倒也感觉出有种特别，这些山货还总与石字有关。听他说这一煲靓汤，都是清肺热清肝热，化痰止咳，扶正祛邪。我听了都忍不住舌头往唇边舔了舔，我们选择了石仙桃，以前也没见过这种山货，名字好听又美丽。

我从前何曾不是山村里长大，就是没听说过这样康养的山货靓汤。在我们的目光底下，主人干脆利索地给我们开出了一煲靓汤和其他菜单。

此时，我想起小时候的圩日晚，现在仍然食欲大增。父亲趁圩买回山猪脚，母亲从山上挖回五指毛桃，那年我十来岁，被父母吩咐在家煲汤，不一会儿就满屋飘香，香气都溢到巷子里去了，走过的人们闻到这香香的味道，都啧啧称赞。山猪脚煲五指毛桃汤补脾益肾，可让人提精神了。

那时，家家户户都缺衣少食，但到节日，都会给家人煲靓汤的，说到煲药材汤，谁都会往补身子上想去，人们随口能说出各种祖传秘方的药材汤如何美味可口，又如何对身体健康有益。

用野菜煲汤，用山药材煲汤，都是动植物结合，食谱口口相传，一煲汤煲了一代又一代，药理不变，风味不变。比如崩大碗煲鸡汤、狗肝菜煮豆豉粥、蛤蒌煮豆腐汤、土石茯煲鸡爪子、雾水葛煲猪骨、土茯苓煲草龟、鸡骨草……家家户户都会做得非常美味。

人们在煲汤前很讲究，互相交流间，坚信一煲靓汤的功效与作用，饮完汤后都得出一个结论，好饮，又期待下一煲汤了。

从前大多用瓦煲，木柴炉灶，只加油盐，不加其他烫料，据说这样就能煲出地道的本土精华汤。

从前煲汤药膳完全是为了达到治疗疾病，慢慢地演变成煲汤的美食文化，防病治病与可口美味结合，多数人喜欢饮汤不吃汤料，有些人又特别喜欢吃汤底，人的个性不同，口味也不同。一煲靓汤，它是餐桌上的必需品，更成了人们餐桌上的一道色香味俱全的风景线。

石仙桃汤端上餐桌了，还未揭开瓦煲盖，缕缕香气纠缠着我们，大家的鼻子都忍不住啜了啜。我们开开心心地品尝着，乐着。这样特色的靓汤也太让人胃口大开了，爽。

煲汤与饮汤反映了生活的需要，人以食为天，饮食与康养结合起来，药膳同源，这是中国几千年来的传统，如今全民的饮食康养水平不断提高，靓汤不断丰富，也反映了社会的进步。那吉人民在这一点上与时俱进。

一煲靓汤，它岂止是药膳同源，它是一种生活的味道，它是一种生活的态度，它是一种生活的品质。在文旅资源开发上，流传着这样一句话，你来了，最爽是你带走我的一煲靓汤。这反映了山区村民的热情好客，也显示出人们对药膳同源的追求。

第七章

古老而美好的习俗

契老榕，我的抒情

契老榕，这是古时候到现在，那吉一带流传的一个习俗。它具有人生成长的象征意义，内涵丰富。它包含了父母对孩子的祝福，也祈愿家族像榕树一样开枝散叶，根深繁茂，兴旺发达。我也有这样的经历，印象深刻。

一个男孩出生后就要悄然举行一个仪式，契老榕，契桥头之类，这是一个古老的仪式。长大后，加冠成人，要结婚成家立业了，同样要举行一个仪式，脱契。这看似封建迷信，实际上这是自古以来，老祖宗已经认识到人生的命运与自然结合在一起，在自然中得到力量才能健康成长，才能得到财富，过上幸福的生活，有美好的人生。

这里我们能得到启发，即人生是一个尊重自然、热爱自然，与自然和谐共生的过程。

1

村前有棵老榕

挂满的沧桑在风中摇晃

一沓沓的岁月坠弯了腰

可她知道头永远是顶在天上

树洞中藏着黝黑的故事

盘根错节的情节青翠地生长

读着心不会发黄

2

一代一代的母亲

谁不在树下上过三炷香

为丑命的孩子契老榕

我的母亲也一样

三炷香拴住了春风系紧了阳光

母亲的祈福连着土地与上苍

从此我沐浴着一树清凉

清凉的绿荫塞满千补百衲的摇篮

摇篮中熟睡着一代人的梦想

只是谁能把我的憧憬喂养

那年月我吮过许多母亲的乳房

百家粥百家奶百家辛酸难想象

多少个母亲的怀里曾温暖过我生命的成长

小手抚摸那青筋暴露的干瘪

泪痕里爬满了老榕的愿望

难怪母亲

让我契上老榕做爹娘

3

荫就凉愁就唱

老榕给了我生命最繁茂的畅想

那高高的枝丫、层层的叶藏着母亲不朽的童谣

童谣中父亲的叶笛吹绿了我的渴望

拜过老榕出门吧

信得过儿行千里念故乡

出门吧　　出门吧

到过远方才有命格回来娶新娘

叮咛中我不忍看老榕

听着那一树的泪光沙沙作响

孩儿怎能不记住乡音

老榕啊　　只有你能佑护我的父母我的家乡

此去经年

千里风尘万里月

我所有的思念都会化成你身躯的硬朗

4

叶落叶长

仪式庄严不由得随意想象

老榕还是牵挂着母亲的三炷香

母亲的三炷香啊　　永远是那样袅袅绵长

老榕最动容的是父亲那叶笛的念想

父亲的叶笛啊　　什么时候还能轻轻吹响

白云悠悠　　水流长长

老榕萌生着再也普通不过的一丛期盼

那就是我的陪伴

和我陪伴她的歌唱

拜年（岑齐盛提供）

回龙村出嫁女回村

美丽的回村女

契老榕

仙人塞海瀑布（国画，冯和锦）

温泉浴

云立山前烟气白

不产五金产八石

丹砂心集硫黄黄

孕结山精通地脉

水火交乘泄化机

汩汩清泉吐灵液

涵云注玉冬不寒

煮网濯鲜发光泽

初秋雨霁天微凉

解衣盘礴暄波杨

荡邪却老濯芳洁

何须投以蘼芜香

岭南自昔称炎徼

水源大半含真阳

南平三泉更奇绝

那吉峒口马头岗

好景得一愿已足

此汤之外皆长汤

起来拂石坐松影

月明野渡古亭荒

（本文作者：清宝山人）

大人兴雨（外一首）

飒飒狂飙满石楼

黑云一片暗山头

行边日隐千岩暮

坐处凉生六月秋

昨晚银河会渡豕

今朝锦树忽闻鸠

不须更向龙潭祷

会有神浆洒绿畴

西山峨峨碧云里

下有龙潭深无底

土人祷雨飞龙祠

潭水忽腥龙欲起

仰望黑云一片横

高峰倏忽散布雨

虚空日色松影乱

树头已来少女风

（本文出自《恩平县志》）

大人兴雨

西山一片云

散作千岩雨

山雨未来时

山风先满树

　　（古越徐枝秀）

熇暑蒸云黑

西山郁不开

风摇千树响

知是风雨来

　　（本文出自《恩平县志》）

牛塘山打卡点短诗五首

指点江山

红旗漫卷生风云

指点江山涌奇美

身在高处未算高

人间何处不翠微

大地之母

敬畏河山心升华

乡愁沉浸忆母亲

大地之母情怀宽

天真无邪吮风云

风吹石磨

风吹石磨传说奇

谁推石磨谁梦圆

心愿随意天随心

白米飘香香人间

七仙下凡处

多少风流随天散

不散风流是神仙

人间若有患难时

天地相济美人寰

小路情诗

从天边来到山中

从山中蜿蜒天边

脚印层层和汗水

向往始终绕人心

大人山听雨新吟

我不知道在母亲怀着我的时候

我是怎样享受生命的律动

后来怎么可以不明就里跟着天地律动共舞

我不明白母亲是怎样把生命的韵律传递给我

我绝对是在一种呼唤中来到这个世界

大人山听雨妙趣横生

让我忽地听到山岚与雾霭的窃窃私语

幽深的沟壑引导着我心脏的节奏

带出了我诗的韵味

我忽地看到绿叶挂着浸润大地的晨露

震震欲掉楚楚动人

花朵闪动阳光悄然过滤着我心灵

天空被揉搓过后

大地流淌着阳光的音乐

那种风云缥缈而律动的声音由远及近

或由近而远

我幸运地听懂母亲血管里奔腾的声响

那是一次苍穹破碎

一次破碎后经受无以计算的切磋琢磨

以玉石相碰的声音不由自主地圆润璀璨

难怪山河布局风景引人入胜

谁也想不到大树飘摇东倒西歪然后端庄

然后年轮隐藏在参天的栋梁

撑起了苍穹的破碎

大地才有了循环往复的荣枯盛景

我慢慢地沉醉在大人山的雨中

绿美那吉镇全域游攻略

中国恩平有个地方美得纯粹，美得出挑。它的名字就叫那吉，它有丰富的旅游资源，有绚烂的历史文化，有动人的美丽传说……绿美那吉，纯粹那吉，氧吧那吉，宜居那吉，吉祥那吉，荣耀那吉。

那吉，听这个名字就想去旅游了。

那吉镇

位置：恩平市西南部。

历史：明嘉靖年间设墟，清光绪末年为那古堡，1959年称那吉乡，1983年改区，1987年撤区设镇。

面积：260平方千米。

下辖村：那北、那西、七星塘、大莲、潭角、黄角、沙河7个村委会和1个居委会，114条自然村，有那吉圩和黄角圩两个圩镇城区。

那吉镇属亚热带季风海洋性气候，冬短夏长，冬暖夏凉，日照充足，雨量充沛，气候宜人，地势西北高东南低，西部同阳春市交界，层峦叠翠，物产丰富，民风淳朴，百姓勤劳。那吉镇还拥有多处"人间胜景"，值得人们向往。

石头村，乡愁沉浸境界升华

它离那吉圩4千米，驱车或徒步，美景连连，目不暇接，还不爽？一定爽。

石头出自开天辟地，云礼村历史悠久，最喜那一曲《石头村》写尽艰辛的农耕历史，道出那文化的精彩，这里的石头草木，一定让你心灵震撼。

村场上你会小心翼翼脚踏石头，栈道上你会惊叹那坑坑洼洼的石头，乡愁沉浸境界升华，你会寻找到其中许多答案。这石头村，无石不胜，无水不荣。整个村落布局得当，错落有致，古韵犹存，曲径通幽，古榕参天，荷花飘香，这一切都陪伴着石头，陪伴着村人几百年来砌筑的石头家园，这家园就像富有特色的民间艺术殿堂，的确别具一格。农舍幽巷隐藏着从远古便生成的风景，走在那里，触摸那石头，你除了感叹，最终还是要激发着内心，努力向上，创造美好的生活。

放歌牛塘山

有民歌唱，牛塘山山高林密石成仙，是大自然的鬼斧神工……入得山来，歌喉一展，山谷美景令人醉。你看，山下有个村子叫良皮村，在那里登山，一路禾雀花开，情趣盎然，山高未达700米，但有仙则名，尽人皆知。山顶天池的风景醉人，"大地之母""指点江山""风吹石磨""七仙下凡"，小路蜿蜒，景色迷人。山顶视野辽阔，灌木花丛，山稔绽放，芳草连天，碧锦披红，异色同荣，好一幅丹青水墨！环顾四周，群山巍峨，岗峦叠嶂，绵延天际。迷幻山间，流泉飞瀑，风酥酥，凉飕飕，心宿云水之间，我等本是神仙。

七星坑原始森林

七星坑原始森林在回归线上，是绿色瑰宝，与阳春东两县交界，地处锦江源头，这里山高水秀林密，风景优美迷人，资源丰富，奇花异卉，动植物王国天然和谐。高峰七星顶，海拔844米，是旅游观光处女地，云水一心醉氧吧，鸟鸣山涧，清湾悠悠，日出弄岚，夜静素月，风光旖旎，等你触摸等你发现，洗尽凡尘诗意向往，我早已醉？

地质公园，"天下第二泉"

金山地质公园因板块碰撞、断裂层间导致地热丰富，从前人叫它热水锅，如今号称"天下第二泉"。这里有奇石风景、仙霞雾霭、流泉水暖、绿树成荫，这里是天然氧吧，避寒宜居，康养身心。男男女女俱入水中，犹如神仙出浴，仿佛置身于如梦如幻的仙境，尘世俗累瞬间即逝，其乐无穷。你爱上，我也爱上，世上最美那山那水那吉人。

那吉穴臼

数百万年前这里或许是冰天雪地？这事情谁说了算？探险吧，探索吧，等你观光，更等你的学问解释。曾经有一班旅游探险爱好者，在那吉镇西部的大山深处，意外发现隐藏着神奇的地貌峡谷，那峡谷有多处奇特的景观，在峡谷的花岗岩基上，均分布着数百计穴臼。经过查阅资料，发现这些穴臼有两种解释：一是二三百万年前的冰川遗迹冰臼，二是1万年前流水冲磨而成的壶穴。

回龙醉树

森林公园，未加雕琢的"风水林"。

回龙村，离那吉圩9千米，是黄角村委会辖地，里边回龙古树公园的树木郁郁葱葱，一椎撑云天，占地数百亩，树种丰富多样，以古椎树乌木为之最，你可树下读书，在树下畅想，也有栈道让你流连忘返，拍拖带着古韵，何乐而不为？还有相距不到两千米的黄榄角村的参天古树，你叫得出名算你厉害，大树下的女儿井清泉淙淙肯定让你心跳怦怦，大陂头村森林树上有石茯，树下有石蛤，想必让你目瞪口呆，值得你两眼放光。附近有山村农家乐餐厅多间，美食最具"野性"，想想便垂涎三尺。山货多多，人情味十足。

大人听雨龙鼓潭

离恩城15千米是大槐，到了大槐谁都想去那吉。那吉，听着都觉得喜庆，那个吉祥的地方让你拥有吉祥，吊钟花愿做你吉祥的姑娘花，她住在大人山双尖峰鹊桥仙会处，人称鹊窦，你记得带上照相机，留倩影留芳踪，万里赴仙会，江山景色定迷人。北后村有吟雨成诗的奇事，那里古代曾有求雨坛，恩平县志有记载，古代的求雨诗有内涵、优美，选一首你读下，过足诗瘾不用求雨。北后有水鼓，龙潭击鼓，没有鼓杵只有水杵，瀑布成杵有两根，伸手扶杵，撞击震山咚咚锵。

仙人塞海

回龙村往北走3千米，高高的狗头山下是"仙人塞海"的峡谷，长达5千米，奇异的七彩石，大如山小如珠，你若有力可把山背回家，你要是体弱就捡它一粒沙，奇石不论大小，触感如珠，若无奇景便无仙踪，若无仙踪何来仙人塞海？当你进入"仙人塞海"峡谷，怪石嶙峋，一看就知有故事，听说当年孔武德仙叱石成羊、喝草成兵，目的是筑坝拦水保百姓平安。举目四下，映入眼帘的是一幅动人画面：一条飞流直下的瀑布，仿佛是天际抛下来的一匹长长白纱。我披上纱，陶醉于她，你也来吧。石臼群如缸如碗，舀上清泉舀满酒，喝过瘾就好，不要醉得太深。

沙河河尾，红色清湾

从恩城到沙河河尾村近50千米远，一路风光旖旎令人心驰神往。沙河河尾两村是那吉最边远的山村，被七星坑原始森林包围，刘三尖山高人语低，谷空风酥酥，绿美胜景处处皆是。房舍古朴，面山而居，远离喧嚣，凡尘落定，人在其中，内心无不欣欣向荣。与知己相约，或偶遇山水，小住民宿，人生写意，乐而忘返。

红色清湾，锦水流长。素有红色"小井冈"之美誉，如今江底沉风景，万物七星峥嵘。这块土地，一草一木、一沙一石，皆留英雄战士的脚印，这里是火种孕育根据地，这片古老热土让你思绪万千、精神抖擞、意气风发。

桃源堡，东坑人家

在那吉圩的西北侧，离牛岗山烈士墓不到4千米，北面桃源堡横卧东坑，也是一片先烈战斗过的热土。山清水秀，人情风物，无不能量丰沛。聂村古村桃源堡，军民鱼水情深留佳话，"吃水不忘毛主席，翻身不忘共产党"。英雄血沃南武岗，东坑人家黄尾酒，忆当年，望长山，壮志未酬，大业未竟，这里风光无限好。桃源堡，东坑人家，山村别墅，好一派民宿风情，令人迷恋。

水环冲爱情石

牛塘山南侧有云礼石头村，牛塘山北麓水环冲有爱情石。这是一道风景线，爱情石神奇开裂如瓣，心扉敞开，诗情画意，叙述一个可歌可泣的爱情故事，这山村人家，家风淳朴，和睦相处，有夫妻种树石缝，见证爱情，海枯石烂爱心永恒。大美风景水环冲，爱情石默默等你触摸。

大莲金矿遗址

在那吉圩西南方，有一奇山叫"大肚婆"金山，已有近百年的开采历史，不知有多少人在这里实现金山梦，发家致富。相传四号矿井，仍藏有金蛋无数，只是找不到入口，吊人胃口。该处金矿属含金石英脉型金矿，在金矿类型中具有一定的代表性。该金矿开采后留下大量的矿洞和矿坑，基本处于自然状态。大莲地灵人杰，勤劳致富不是梦。

那吉特色美食响当当

那吉地道特色小食：特色番薯糍、大锅蒸猪𥻗皮（那吉大多糍类小吃都是用这种大锅蒸出来的）、叶仔糍、艾糍、鸡屎藤糍、裹粽、铜盘糍、咸香白糍、咸煎角、芋头糍、清凉红豆糕、凉粉糍、腊味鲮鱼圆仔糍、五指毛桃汤、雷公根汤、牛大力汤、石橄榄汤、豆腐蛤蜊汤……你说爽不爽？

那吉温泉

村民泡温泉

清澈的山泉

"雁列状"花岗岩石臼

仙人塞海

雨后牛塘山

黄角小镇风情街

火龙果场的夜景

东坑山泉

山村野营

三甲风光

沙河野营

七星坑小景

清湾小景

云礼石头村

云礼石头村

水环冲村小景

黄角小镇农家乐

东坑瀑布

那
吉
美
食

后 记

　　本书的顺利出版与得到当地各界的支持分不开，相关部门给予很大的帮助，作者在采访过程中受到多方关心和鼓励，编写组的同志在历时两年多的工作中被家乡的故事感动，非常认真拍摄和搜集资料图片，用心写作，而且反复征求意见，不断琢磨文字，修改完善书稿。

　　由于水平所限，图文仍难免有瑕疵，恳请雅正。借此书出版之际向父老乡亲表示深深的敬意和感谢，祝家乡永远繁荣昌盛，人民幸福安康。

本书编写组

2023 年 8 月